전통사찰총서

⑩

충북의 전통사찰 I

寺刹文化研究院

괴산 각연사 전경

괴산 각연사 비로전
석조비로자나불좌상

제천 강천사 대명광전

제천 강천사 제석천룡도

제천 덕주사 관음전

제천 덕주사지 마애불상

제천 무암사 전경

제천 백련사 내경

제천 신륵사 전경

제천 원각사 내경

제천 장락사 칠층석탑

제천 정방사 법당

제천 월명사 내경

제천 사자빈신사지 석탑

충주 단호사 내경

충주 단호사 약사전 철조여래좌상

충주 대원사 극락전

충주 백운암 전경

충주 봉학사 전경

충주 신흥사 대웅전 나한상

충주 정심사 내경

충주 창룡사 극락보전

충주 청룡사 보각국사비 · 부도 및 석등

충주 숭선사지 전경

충주 원평리사지 전경

충주 탑평리사지 전경

충주 미륵사지 전경

충주 미륵사지 동탑

괴산 공림사 내경

괴산 공림사 사적비

괴산 개심사 대웅전 아미타여래좌상

괴산 채운암 전경

괴산 보광사 대웅전 석조여래좌상

음성 미타사 내경

음성 미타사 마애여래상

진천 용화사 내경

단양 보국사지 석조여래입상

진천 영수사 관음보전 관음좌상

전통사찰총서

사찰 문화 이해의 길잡이

한반도에 불교가 전래된 지 천육백여 년, 불교는 고대 국가의 찬란한 문화를 선도하고 수많은 고승 대덕을 배출하여 실로 한민족의 문화적·정신적 바탕이 되어왔다. 일찍이 불교 문화를 꽃피웠던 신라시대의 경주 거리는 '사사성장탑탑안행(寺寺星張塔塔雁行)'이라 표현하여 곳곳에 절과 절이 맞닿아 있고 탑과 탑이 기러기처럼 줄을 잇고 있었다고 하였다. 그야말로 불국토의 장엄한 세계를 신라 사회에 그대로 옮겨 놓은 불연(佛緣)깊은 나라였다.

고려시대에는 온 국민이 하나가 되어 팔관회와 연등회 같은 불교 행사가 성행하였고, 이러한 불심(佛心)은 마침내 불력(佛力)으로 국가적 재난을 막아내고자 하는 팔만대장경불사로 이어졌다. 그러나 조선시대에는 다소 침체의 길을 걷는 등 변화하는 역사 속에서 불교는 성쇄를 거듭해 왔다. 오늘날의 불교는 다종교의 홍수 속에서도 한민족의 전통 사상으로 굳건히 자리하고 있음은 주지의 사실이다. 더욱이 현대 사회에 있어서 물질과 금력이 팽배해 감에 따라 정신적 안식이 현대인에게 요청되어 고요한 사찰을 찾는 이들이 점점 증가하고 있다. 그러나 선조들의 빛나는 문화 업적과 소중한 사찰 문화재는 옛모습을 잃고 조금씩 변화해 가며 때로는 유실되고 있는 실정이다.

그리하여 사찰 문화의 보존과 현대적 계승이라는 취지에 뜻을 같이 하는 몇몇 사람들이 모여 원을 세웠다. 불교 문화의 참뜻을 찾아 한데 모으고 다듬어 때를 벗겨 정리함으로써, 이 시대의 사람들과 뒷 세대들로 하여금 재창조와 도약의 발판으로 삼을 수 있도록 하자는 것이었다. 이러한 원을 실현하기 위하여 사찰문화연구원을 설립하고 그 첫번째 사업으로 「전통사찰총서」를 간행하게 된 것이다.

우리의 사찰은 불교의 참정신이 깃들어 있는 곳이요, 고승들의 발자취가 서려있는 곳이며, 몸과 마음을 맑힐 수 있는 신행의 요람처이다. 따라서 「전통사찰총서」의 집필에는 외형적이고 피상적인 사실의 설명에서 한 걸음 더 나아가 사찰이 간직하고 있는 정신 세계와 본질을 규명하는 데 초점을 맞추었다. 곧 각 사찰의 연혁에서부터 소중히 보존해야 할 문화재, 하나하나의 성보(聖寶)에 깃들어 있는 의미, 그 절이 지니는 신앙의 성격, 그리고 관련 설화까지를 소상하게 밝혀 놓았다.

한편 잘못 이해되고 바로 잡아야 할 부분에 대해서는 분명한 까닭을 밝히고 비평을 가하였다. 어느 누구라도 한 사찰을 방문할 때 지침서가 될 수 있도록 나름대로 열심히 엮기는 하였지만, 그래도 보지 못하고 접하지 못한 모습과 듣지 못한 내용이 적지 않을 것이다. 이에 대해서는 많은 분들의 가르침을 기다려 마지않으며 오직 바람이 있다면 이 책이 사찰 문화의 진수를 이해하는 데 조그마한 길잡이가 될 수 있었으면 하는 것이다. 끝으로 이 책을 간행하는 데 협력하여 주신 문화체육부, 조계종 총무원 그리고 각 사찰의 스님들께 깊은 감사를 드린다.

1992년 12월

寺刹文化硏究院

화 보 ································· 3
간행의 말 ···························· 26

1

제천시 · 단양군

강천사 ························· 35
고산사 ························· 44
덕주사 ························· 48
무암사 ························· 58
백련사 ························· 66
복천사 ························· 72
신륵사 ························· 76
원각사 ························· 85
월명사 ························· 91
장락사 ························· 95
정방사 ························ 102
사자빈신사지 ················ 111

2

충주시

단호사 ························ 119
대원사 ························ 125
백운암 ························ 130
봉학사 ························ 136
신흥사 ························ 141
정심사 ························ 148
창룡사 ························ 153
청룡사 ························ 160
미륵대원지 ·················· 173
탑평리사지 ·················· 189
숭선사지 ···················· 198
원평리사지 ·················· 200

3 괴산군 각연사 ·········· 207
개심사 ·········· 228
공림사 ·········· 232
광덕사 ·········· 247
미륵사 ·········· 251
백운사 ·········· 254
보광사 ·········· 260
보타사 ·········· 264
석천암 ·········· 267
채운암 ·········· 269
봉학사지 ·········· 274

4 음성군 · 진천군 가섭사 ·········· 281
대경사 ·········· 286
미타사 ·········· 289
수도암 ·········· 295
화암사 ·········· 297
만성사 ·········· 301
성림사 ·········· 306
신흥사 ·········· 310
영수사 ·········· 313
용화사 ·········· 321

부 록 불교지정문화재 ·········· 328
절터 ·········· 331
불교금석문 ·········· 334
사암주소록 ·········· 335

Ⅰ. 제천시 · 단양군

제천시·단양군   횡성군

원주시

강원도

영 월 군

강천사

백련사   월명사

제천   장락사

봉양   서제천IC   복천사
원각사

제   천   시

무암사

충주호   금수산
정방사

고산사   단양

신륵사   보국사지

덕주사   원통암
사자빈신사지

경 상 북 도

문경 문 경 시   예 천 군

예천

제천시 · 단양군의 역사와 문화

　제천시(堤川市)는 충청북도 동북부에 위치하며 동쪽은 단양시, 서쪽은 충주시, 남쪽은 경상북도 문경시, 북쪽은 강원도 영월군 · 원주시에 접한다. 1995년 1월 1일 제원군(堤原郡)과 통합되었으며, 1998년 10월말 현재 인구는 14만 8,021명, 행정구역은 1읍 7면 9동으로 이루어져 있다.

　자연환경은 동쪽 단양시와의 경계에 작성산(鵲城山, 820m) · 금수산(錦繡山, 1,016m) 등이 솟아 있고, 남쪽 경상북도와의 경계에 소백산맥을 이루는 문수봉(文繡峰, 1,162m) · 월악산(月嶽山, 1093m) · 하설산(夏雪山, 1028m) 등이 있다. 또한 북쪽 강원도와의 경계는 동북에서 남서 방향으로 차령산맥의 백운산(白雲山, 1,087m) · 송학산(松鶴山, 819m) 등이 제천시를 둘러싸고 있다. 제천시의 중앙부를 남한강이 흘러가 충주로 빠져나가는데, 충주다목적댐으로의 관수(灌水)가 제천시의 주요 상수원이 되고 있다. 평야는 많지 않고, 제천천(堤川川) · 장평천(長坪川) · 용암천(龍巖川) 등의 하천이 흐른다.

　제천시에서는 구석기시대의 유물 · 유적이 곳곳에서 발견된다. 삼한시대에는 마한(馬韓)에 속했으며, 4세기 무렵 백제의 영토가 된 것으로 추정된다. 뒤에는 고구려 땅이 되어 내토군(奈吐郡)이 되어 지금의 청풍면 일대가 사열이현(沙熱伊顯)으로 불렸는데, 가야금을 만든 우륵(于勒)이 이곳에서 태어났다고 전한다. 늦어도 5세기 말에는 신라의 영토가 된 듯하고, 통일신라 때는 757년(경덕왕 16) 내제군(奈堤郡)이 되었으며 사열이현은 청풍군으로 개칭되었다.

고려에 들어서 940년(태조 23) 제주군(堤州郡)으로 되었다가, 1317년(충숙왕 4) 청풍군으로 승격되었고, 이 해에 청풍 한벽루를 지었다.

조선에서는 1413년(태종 13) 제주를 제천현(堤川縣)이라 고쳤다. 1660년(현종 1) 청풍이 당시 충청도에서는 유일하게 도호부(都護府)로 승격되어 부사(府使)를 두게 되었다.

1895년(고종 21) 제천과 청풍이 각각 군으로 승격되었다가, 일제강점기인 1914년 청풍이 제천군에 편입되었다. 철도가 개설되기 전까지는 청풍이 이 지역의 중심지역 역할을 담당했으나 제천이 발달되면서 청풍이 제천군에 편입된 것이다. 이어서 1940년 제천면이 읍으로 승격되었다. 1957년에 제천과 강원도 정선 사이의 태백선 철도가 준공되어 충청도와 강원도의 산업자원을 연결하는 주요 교통수단이 되었다.

현대에는 1980년 제천읍이 시로 승격되면서 제천군은 제원군으로 바뀌었고, 1985년 충주댐 건설로 일부 지역이 수몰되었는데, 수몰 지역에 있던 청풍면의 한벽루·팔영루·금병헌·금남루 등의 문화재들은 물태면으로 옮겨졌다. 1991년 1월 제원군이 제천군으로 바뀌었다가 1995년 1월 1일 제천시와 제원군이 통합되어 오늘에 이른다.

이곳의 불교문화재로는 청풍석조여래입상(보물 제546호)·사자빈신사지석탑(보물 제94호)·덕주사마애불(보물 제406호)·장락리칠층모전석탑(보물 제459호)·신륵사 삼층석탑(유형문화재 제4호) 및 극락전(유형문화재 제132호) 등의 지정문화재 외에, 강천사·고산사·덕주사·무암사·복천사·백련사·신륵사·원각사·월명사·장락사·정방사 등의 전통사찰 및 절터에 많은 성보문화재가 있다.

강천사

● 위치와 창건

강천사(江天寺)는 제천시 송학면 시곡리 송학산(松鶴山) 정상 가까이 있는 선학원 사찰이다.

절 마당에서 내려다보면 제천 시내 전경이 한눈에 보이는 전망 좋은 사찰인데, 가까이에는 옛날의 절터인 소악사지가 있다.

강천사 어느 때인가 폐허가 되었던 절은 50여 년 전 이대휘 선사가 초막을 짓고 불상을 모시면서 지금의 강천사가 되었다.

독성전 절의 전각들은 대부분 1990년을 전후하여 세워졌으며, 독성전은 1991년에 건립되었다.

강천사의 연혁은 이곳에 남아 있는 신라 하대(下代)에 세워진 삼층석탑과 돌확, 기와편 등을 통하여 신라시대에 창건된 이래 조선시대 중기까지 법등이 이어졌던 것을 알 수 있다.

그러나 그 뒤 어느 때인가 절은 폐허화되었는데, 지금으로부터 약 50여 년 전인 1945년 7월 15일 노로당(老老堂) 이대휘(李大徽) 선사가 옛 절터 위에 초막을 짓고 불상을 모시며 수행과 함께 기도를 시작하였다. 이것이 지금의 강천사의 출발이다(「주요인물」 참고).

이어서 이대휘 선사는 1947년에 관음전을 지었는데, 이 자리는 흔히 충청북도 · 강원도 지역의 삼대사찰로 꼽히는 강원도 영월 법흥사(法興寺), 정선 정암사(淨巖寺), 경상북도 영주 부석사(浮石寺)의 중간 지점에 해당되는 명당터라고 한다.

이후로 절은 인근의 불자들에게 점차 알려지면서 발전하기 시작했다. 1981년 도로와 전기를 가설했고, 1986년 신도가 다함께 공부하고 기도할 수 있는 다용도 건물로서 3층으로 된 설법보전을 지었다. 1990년에는 오래된 법당을 헐고 새 법당을 지은 뒤 비로자나삼존불을 봉안했으며, 범종각을 짓고 범종·법고를 조성하여 오늘에 이른다.

강천사는 능엄기도와 나한기도 도량으로 인근에 널리 알려져 있다.

🌑 주요인물

🕉 이대휘 선사

강천사가 오늘과 같은 규모로 발전된 것은 무엇보다도 노로당 이대휘(1907~1992) 선사의 노력이 있었기 때문이다. 이대휘 선사는 일반에 그다지 잘 알려지지 않은 분이지만, 청담(靑潭)·영암(暎巖)·성철(性徹) 등 근대의 고승들과 도반(道伴)으로서 경학에 밝고 계율에 엄격했으며 선서화(禪書畵)에도 능했던 스님이다.

스님은 1907년 경상북도 청도군 각남면에서 출생하였고, 1927년에 선산 도리사(桃李寺)에서 하정광(河淨光)스님을 은사로 득도했다. 그리고 이해에 도리사에서 이석우(李石牛)스님께 사미계를 수계하고, 도리사 강원(講院)에서 사교·대교과를 수료했다. 또한 1936년에는 중국 강소성 보화산 융창율원에서 융인율사(融忍律師)에게 구족계를 수지했다.

그 뒤 중국 상주 천녕사, 진산 금산사, 오대산 광제모봉 등 유명한 선원에서 5년 동안 안거했으며, 귀국 길에 장개석 당시 중화민국 총통을 방문하여 법담(法談)을 나누기도 했다.

귀국 뒤에는 통도사 백련암·극락암, 묘향산 상원사·법왕대, 금강산 마하연암 선원, 선산 수도사, 문경 대승사, 부산 선암사, 설악산 봉정암, 김용사, 금선암 등 국내의 여러 사찰과 선원을 순력(巡歷)했으며 일본 교토의 만복사에서 하안거와 동안거로 1년을 지내기도 했다.

이렇듯 여러 도반과 함께 대중생활을 통해 철저히 선(禪)과 율(律)을 수련한 스님은 이후 1958년에 표충사, 1963년에 통도사, 1968년에 고운사 등 여러 큰 사찰의 주지를 지냈고, 김해 육주사를 창건했다. 또한 이 무렵 조계종의 원로로 추대되어 종단 발전에 힘쓰기도 했다.

스님은 세월이 흘러 80대의 노구가 넘었어도 수행에 전혀 나태함 없이 정진하다, 1992년 음력 9월 20일에 열반했다.

스님은 선서화에도 능했음은 앞서 말한대로 인데, 스님의 면모를 살펴볼 수 있는 묵적(墨蹟) 가운데 만년에 지은 다음과 같은 글이 있어 옮겨 본다.

많이 싸웠는데,
앞서들 가버려 싱거웠다.
가면서 싸우던 것 챙겨간 사람은 없을 게다.
그 자는 바람결에
다녀간다더니 여태 소식 없었냐? 몰라?
소식 없는 것 보면 그 자
부끄럼은 싸가지고 간 모양이라.
나는 아무 것도 안가지고 갈란다.
소식 전하지 않을 테니 무소식을 내 소식 삼아라.
가만, 밖에 누가 왔다. 내다봐라.
동무해 가면 되겠다.

☯ 성보문화재

현재 절에는 대광명전 · 관음전 · 나한전 · 산신각 · 독성전 · 범종각 · 요사 등 많은 건물이 있다. 이 전각들은 대부분 근래에 지은 것인데, 독성전 · 산신각은 1991년 그리고 범종각은 1990년에 세웠다.

절이 오늘과 같은 규모로 발전하기까지는 무엇보다도 이대휘 선사의 노력이 있었기 때문이다. 스님은 경학에 밝고 선서화에도 능하였다고 한다.

그리고 절 입구의 채마밭 언덕에는 고려시대 양식으로 보이는 삼층석탑 1기가 있으며, 최근에 조성한 석조미륵입상이 있다.

❀ 대광명전

대광명전(大光明殿)은 그 전에 있던 대웅전을 헐고 1990년에 새로 지은 절의 금당으로서 팔작지붕에 앞면과 옆면 각 3칸의 규모이다. '대광명전' 이라고 쓴 현판은 통도사(通度寺)에서 탁본해 온 것을 복각(覆刻)한 것이다.

대광명전 옛 대웅전을 헐고 1990년 새로 지은 건물로 비로자나불을 중심으로 한 삼세불을 봉안하였다.

안에는 비로자나불을 중심으로 청동으로 조성된 석가불·노사나불이 좌우에 협시한 삼세불(三世佛)좌상을 비롯하여 후불탱화·신중탱화가 있는데, 전부 1990년에 봉안했다. 삼세불 위로는 '적멸보궁' 편액이 있는 닫집이 설치되어 있다.

✿ 관음전

관음전은 인법당 형태를 한 전각으로서 팔작지붕에 앞면 5칸, 옆면 3칸의 건물이다. 건물 앞쪽 처마 아래에는 '강천사' 편액이 걸려 있는데, 예전 통도사에 머물던 홍경(1899~1971)스님의 글씨다.

안에는 아미타불상을 중심으로 관음·세지보살상이 협시하는 삼존불과 후불탱화·신중탱화 및 동종이 있다. 삼존불 중 관음보살상은 1947년에 봉안되었다.

✿ 나한전

팔작지붕을 한 시멘트 건물로서 1972년에 지었다. 안에는 석가삼존상과 16나한상 및 동자상 2체가 있다. 16나한상은 나한전을 지은 해에 조성했다.

✿ 요사

1986년에 지은 전체 3층으로 된 현대식 건물로서, 3층은 강당으로 사용한다. 건물 앞쪽에 '설법보전(說法寶殿)' 편액이 걸려 있다.

안에는 석가불좌상과 후불탱화·신중탱화가 있다. 신중탱화는 가로 100 cm, 세로 82.5cm 크기로서, 화기(畵記)를 통해 1800년(정조 24)에 조성한 것임을 알 수 있다. 화기에는 그 밖에도 '□林寺' 등의 기록이 있지만, 사찰이 위치한 산과 절이름이 지워져 있어 정확히 확인하기는 어렵다. 그림의 내용은 화면 중앙에 제석천(帝釋天)이 자리잡고, 그 좌우로 바수루나천

관음전   인법당 형태의 전각으로 건물 처마아래에는 홍경스님이 쓴 「강천사」라는 편액이 걸려있다.

제석탱화

강당 안에 걸려있는 불화로 1800년에 조성되었다. 제석천을 중심으로 그 주위에 천왕들이 배치되어 있다.

자·아사나천자, 그리고 다시 그 주위에 천왕이 배치되어 있다.

앞으로 이곳에 일만 지장보살상을 조성할 예정이라고 한다.

❀ 삼층석탑

절로 들어가는 입구의 채마밭 언덕은 옛 절터로서 삼층석탑이 있는데, 이곳을 일명 소악사지(小岳寺址)라고 부른다.

소악사는 유적과 유물로 미루어 볼 때 고려시대에 창건된 것으로 보이며, 그 밖의 연혁은 알려진 것이 별로 없다. 단지 1530년(중종 25)에 편찬된 『신증동국여지승람』「제천현」〈불우(佛宇)〉조에, '소악사는 대덕산에 있다(小岳寺在大德山).'는 기록이 있고, 또한 1799년(정조 23)에 편찬된 『범우고』에도 절이름이 보이고 있어 그 무렵까지 법등을 이어 오다가 대략 19세

소악사지 삼층석탑

기에 폐사된 것으로 추정된다.

석탑의 양식을 보면 단층 기단 위에 3층의 탑신을 세웠고 맨 위에는 상륜부가 있는데, 현재 복발(覆鉢)만 남아 있다. 초층 옥신석 상부가 두 장의 돌로 이루어져 있는 것은 후대에 보완한 것으로 추정된다. 옥개 받침은 각 층 4단으로서 낙수면의 기울기가 완만한 편이다.

크기는 높이 320㎝, 단층 기단의 길이와 너비 각 100㎝로서 비교적 규모가 작은 탑이다.

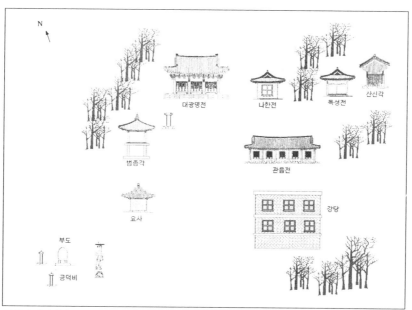
강천사 가람배치도

고산사

◔ 위치와 창건

고산사(高山寺)는 제천시 덕산면 신현리 1653번지 와룡산(臥龍山) 중턱
에 자리한 대한불교조계종 제5교구 본사 법주사의 말사이다.

절이 자리한 와룡산 자락은 산 이름이 말해주듯 용 한 마리가 누워 있는
형국의 머리 부분에 해당한다. 현재 법당으로 사용되는 응진전의 자리는

고산사　절의 창건은 신라 도선국사에 의해 이루어져 고려시대에는 대경국사와 혜소국사, 그리고
조선시대에는 송계선사가 중창하였다.

월형산성

천연적으로 아주 묘하게 잘 생긴 용 머리에 해당되는 위치로서, 월악산의
영봉(靈峰)을 안산(案山)으로 하고 있다.

또한 정남향으로 와룡산의 용 꼬리 부분에 해당되는 곳에는 쌍봉(雙峰)이
있고, 그 능선을 이룬 사이로 월악산 영봉이 솟아 있어 법당과 마주하고 있다.

절의 역사에 관한 기록은 「고산사중수기」를 참고할 수 있다. 이 중수기
현판은 1920년에 당시 주지 유호암스님이 지은 것이다. 비록 작성연대가
오래되지는 않았지만 현재로서는 유일한 기록이므로 그 내용을 인용해서
절 연혁에 관해 살펴보기로 한다.

절의 창건은 통일신라시대인 879년(헌강왕 5)에 도선(道詵)국사에 의해
이루어졌고, 그 뒤 고려 초에 대경국사가 중수했다고 한다. 이어서 1096년
(숙종 1)에 혜소국사가 중건했으며, 조선시대에는 1653년(효종 4)에 송계
선사가 중창했다.

근대에 들어와서는 1920년에 호암스님이 퇴락한 사찰을 다시 고쳐 세웠
다. 그러나 1950년의 한국전쟁으로 요사 등 사찰 건물 일부가 불탔고, 여러
중요 유물도 함께 없어졌다. 그 뒤 월하(月何)스님이 삼성각과 요사를 중창
하면서 새롭게 도량을 가꾸었으며, 1985년 소요스님이 주석했다. 이어서

1990년에 광복스님이 한옥으로 된 선원을 짓고 도로 확장 및 전기 불사를 했으며, 1996년에 함현스님이 절 주변의 월형산성(月兄山城) 일부를 보수하는 것과 함께 1997년에 삼성각을 복원했다. 응진전은 1998년에 복원 완료할 예정이다. 현재 삼성각에는 임시로 '응진전' 편액을 걸어 놓았다.

● 성보문화재

현재 절에는 응진전 및 요사 2채 등이 있다.

응진전은 맞배지붕에 앞면 3칸, 옆면 1칸의 건물이다. 현재의 편액은 '응진전' 이라 붙어 있지만 옆에 새로 짓는 건물이 완성되는 대로 삼성각으로 사용될 예정이다. 그러면 팔작지붕에 앞면 3칸, 옆면 2칸인 옆 건물이 응진전이 된다.

안에는 석조보살상과 석조나한상 6점이 있다. 응진전에는 석가불상을 중심으로 좌우에 미륵보살 · 제화갈라보살이 협시하기 마련인데, 지금은 높

석조보살상과 나한상

이 50cm의 미륵보살상 1체만 남아 있다.

보살상 옆에 있는 나한상들은 높이 45~50cm로서, 현재 호분(胡粉)이 입혀져 있다. 보살상 좌우로 각 3체씩 현재 6체만 있으나 본래는 16나한상으로 조성했을 듯하다. 고산사에 오래 다닌 신도들은 이 나한상을 '나임'으로 부르는데, '나한님'을 줄여서 그렇게 부르는 것 같으며, 정초에 나임기도를 드리는 신도가 많다고 한다.

보살상과 나한상들은 전에는 석고로 만든 것으로 알려졌으나 최근에 정밀 조사한 결과 화강암제인 것이 밝혀졌다. 제작 시기는 대체로 조선시대 초중기에 조성된 것으로 추정된다.

그 밖에 1950년대에 조성한 동종과, 칠성탱화 · 산신탱화 · 독성탱화 · 신중탱화 등의 불화가 있다. 본래 후불탱화가 있었으나 지금으로부터 10여년 전에 없어졌다고 한다.

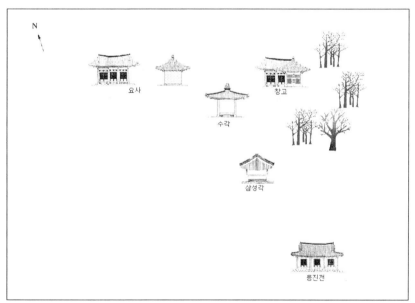

고산사 가람배치도

덕주사

☯ 위치와 창건

덕주사(德周寺)는 제천시 한수면 송계 4구 3번지 월악산(月岳山)에 자리한 대한불교조계종 제5교구 본사 법주사의 말사이다.

절은 월악산 남쪽 능선에 있는 덕주산성의 동문(東門)을 지나서 정상을 향해 오르는 지점에 위치한다.

덕주사 관음전   마의 태자의 동생 덕주 공주가 금강산으로 가는 길에 이곳에 머물러 절을 세웠다고도 전한다.

덕주사의 창건연대는 587년(진평왕 9)으로 전하지만, 확실하지 않고 창건주도 알려져 있지 않다. 그보다는 『신증동국여지승람』에, '덕주사는 월악산 밑에 있다. 속설에 전하기를 덕주부인(德周夫人)이 절을 창건했으므로 덕주사로 이름 지었다.'는 기록에 따라 10세기 중엽을 절의 창건연대로 보는 경우가 많다. 이것은 절에 전하는 전설, 곧 신라가 고려에 항복하자 마의 태자와 그의 동생 덕주 공주가 함께 금강산으로 길을 떠났는데, 가는 도중 덕주 공주는 덕주사 마애불이 있는 이곳에 머물러 절을 세우고, 금강산으로 가는 마의 태자를 그리며 여생을 보냈다는 이야기가 위의 『신증동국여지승람』 기록과 어느 정도 일치하기 때문이다.

그 뒤의 연혁은 전하는 바가 없어 잘 알 수 없다. 한편 덕주사의 역사를 살피는 데 있어서는 상덕주사 · 하덕주사의 존재를 이해할 필요가 있다. 상덕주사 · 하덕주사라는 것은 물론 본래의 절 이름은 아니며 위치에 따라 편의상 그렇게 부르는 것이다. 그래서 지금 마애불이 있는 곳에 있는 절을 상덕주사, 그리고 현 덕주사 자리에 있었던 사찰을 하덕주사라고 부른다. 이 상덕주사 · 하덕주사는 창건이래 꾸준히 법등을 이어오다가 상덕주사는 1950년의 한국전쟁으로, 하덕주사는 조선 중기 때 소실되어 없어져 버렸지만, 그 존재는 지금 남아 있는 유적으로 확인할 수 있다. 다만 그 두 절 가운데 어느 절이 먼저 창건되었는지, 혹은 하나의 절로 함께 관리되고 있었는지 등에 대해서는 잘 알 수가 없다.

상덕주사는 지금의 덕주사에서 1.7km 정도의 거리에 있었는데, 1951년 전까지만 해도 고색창연한 기도사찰로 있었다. 또한 마애불 주위에는 보호각도 있었음을 마애불 둘레의 암벽에 있는 홈으로 알 수 있다. 그리고 극락전 · 산신각 · 요사 및 방앗간이 있었고, 그 밖에 우공탑(牛公塔)으로 불리는 삼층석탑이 있다(「성보문화재」 중 〈우공탑〉 참고).

이 전각들은 앞서 말한대로 한국전쟁으로 불타 없어졌는데, 근래에 극락전 자리에서 1622년(광해군 15)에 만든 명문 기와가 발견되었다. 그리고

대웅보전

또 다른 유물로서는 석불두 · 명문와 · 백자잔 및 끌을 비롯한 철제 유물 등이 발견되기도 했다.

하덕주사의 위치는 바로 지금의 덕주사가 자리한 곳인데, 예전부터 '절골'로 불렀다. 절 주변에 남아 있는 수많은 기와 조각, 주춧돌, 장대석, 석등 부재 등이 옛날 이곳에 큰절이 번성했었음을 보여 준다. 또한 이곳에서 서쪽으로 약 200미터 가량 되는 산기슭에는 조선시대 부도 4기가 있던 것을 현재는 경내 요사 뒷편으로 옮겼는데, 역시 하덕주사와 관련된 유적이다.

1970년 지금의 덕주사 주지 박재찬스님이 법당을 중수하면서 금구(禁口)가 출토되었다고 한다. 금구에는 명문이 새겨져 있었는데, 고려시대인 1206년(희종 2)에 조성했음이 기록되어 있다. 그로써 본다면 13세기 초 이곳에 규모가 큰 사찰이 법등을 잇고 있었음을 짐작할 수 있다.

그러나 한국전쟁으로 인해 상덕주사와 마찬가지로 이곳도 폐허가 되어버렸고, 그런 상태로 오랫동안 남아 있다가 1963년에 지암 권정철스님이 비

로소 지금의 덕주사로 중창했다. 이어서 1970년에 박재찬스님이, 1985년
에 성주스님이 절을 다시 중건하며 오늘의 모습을 보인다. 1985년의 중창
당시에는 충주댐 건설로 수몰되는 한수면 역리에 있던 고려시대 석조약사
여래입상을 덕주사로 옮겨 봉안했다.

최근에는 청하 성일스님이 주석하면서 건물지 오른쪽에 새 부지를 마련
하여 대웅보전을 새로 짓는 등 중창 불사를 진행중에 있다.

☯ 성보문화재

현재 절에는 1998년에 새로 지은 대웅보전을 비롯해서 약사전 · 관음
전 · 산신각과 요사 4채가 있다. 그리고 지장전 · 나한전을 지을 계획을 하
고 있다.

대웅보전은 팔작지붕에 앞면 5칸, 옆면 3칸 규모로서 안에는 석가불 · 비

산신각 자연 암반을 이용하여 지었으며, 안에는 역시 자연석을 다듬어 새긴 마애산신탱이 있다.

로자나불 · 아미타불의 삼불과 각 불상의 뒤에 따로 조성된 후불탱화 3점이 봉안되어 있다. 그 밖에 천불상과 극락회상도, 그리고 동종이 있다.

약사전은 맞배지붕에 앞면과 옆면 각 1칸씩으로서, 한수면에서 옮겨 온 석조약사여래입상이 봉안되었고, 그 뒤로 1991년에 조성한 후불탱화가 있다.

관음전은 대웅보전을 짓기 전에는 금당으로 사용하였으며, 팔작지붕에 앞면 7칸, 옆면 2칸 규모이다. 안에는 근래에 봉안한 관음상과 후불탱화 · 지장탱화 · 칠성탱화 · 신중탱화 및 동종이 있다.

산신각은 자연 암반을 이용하여 지었으며, 안에는 마애산신탱이 있다.

❀ 덕주사 마애불입상

덕주사의 윗쪽, 곧 상덕주사지 동편의 거대한 암벽 남쪽에 선각(線刻)으로 조각된 불상으로서, 높이는 14미터에 달하여 보는 사람을 압도한다. 조각기법으로 보아서 신라 말 고려 초 사이에 조성된 것으로 추정되며, 현재 보물 제406호로 지정되어 있다.

불상의 양식을 보면, 머리는 민머리인 소발(素髮)이며 머리 꼭대기에 큼직한 육계(肉髻)가 있다. 상호(相好)는 전체적으로 길며 풍만한 편이다.

눈썹 사이에 백호(白毫)가 있고 반쯤 감은 눈은 옆으로 길게 표현되어 있다. 큼직한 코와 일자형(一字形) 입, 특히 길게 늘어진 턱은 풍만한 얼굴에 어울리게 표현되었다. 목의 표현이 많이 생략된 것은 고려시대의 양식을 나타내는 것인데, 목에 있어야 할 삼도(三道)가 거의 가슴 윗부분까지 내려와 있다.

두 발은 서로 대칭되어 벌여져 있고, 발가락은 큼직하지만 사실적으로 묘사되었다. 연화좌(蓮華座)는 가로로 나 있는 두 줄 선 밑에 너비가 넓은 복련의 연판으로 되어 있어 다소 화려해 보인다.

⑧ 석조약사여래입상

본래 한수면 역리 마을 정금사지(淨金寺址)에 있었으나 충주댐 건설로 그 지역이 수몰 예정되자 1985년에 이곳으로 옮겨 봉안되었다.

나발(螺髮)로 된 머리 꼭대기에는 낮고 작으며 둥그스름한 육계가 있으며, 상호는 밑으로 길게 표현되어 장방형에 가깝다. 두 눈썹은 코에 가깝고, 입이 작으며 콧날과 입술 부분은 다소 손상되어 있다. 두 눈은 가늘고 길며, 이마에는 지름 2㎝의 백호공(白毫孔)이 있다.

전체적으로 볼 때 얼굴이 너무 큰 반면 양쪽 어깨는 작아서 움츠린 듯한 모습의 둔중함을 느끼게 한다. 이 같은 양식으로 보아서 조성연대는 고려시대 후기인 12~14세기 무렵으로 추정된다. 높이는 232㎝이다.

석조여래입상

한수면 역리에 있던 불상으로 충주댐 건설로 수몰이 되자 이곳으로 옮겨 봉안되었다. 고려시대 후기에 조성된 것으로 추정된다.

❀ 부도

요사 뒤로는 부도군이 있는데, 서쪽 산기슭에 있던 4기의 조선시대 부도를 옮겨 세웠다. 부도의 주인공을 왼쪽부터 보면, 홍파당(洪波堂) · 용곡당(龍谷堂) · 부유당(浮遊堂) · 환적당(幻寂堂)이다. 이 부도들은 대석(臺石) 위에 둥글게 돌을 다듬어 놓고 그 위에 석종형(石鍾形)의 탑신을 올리고 다시 그 위를 개석(蓋石)으로 덮은 형식을 하고 있다. 그 뒤 다시 창해당 · 지암당 부도를 옮겨 와 세웠다.

❀ 우공탑

마애불상 있는 곳 아래의 축대에 자그마한 탑이 하나 있는데, 흔히 우공탑(牛公塔)이라고 부른다. 이 탑이 서 있는 곳은 본래 자리가 아닌 듯하지만 원위치가 어느 곳인지는 분명하지 않다. 석재도 석질(石質)이 서로 다른 방형(方形)의 자연석을 지대석·하대석으로 그대로 사용했으며, 그 위에 기단석을 놓았다. 그 위에 둥근 형태의 탑신석을 올렸는데, 탑신 사방에 안상형(眼象形)의 꽃무늬 장식이 새겨져 있다. 명문은 없고, 크기는 높이 161 ㎝이다.

이 탑에는 상덕주사 건립에 얽힌 다음과 같은 전설이 전한다.

덕주사 건물이 비좁아 스님들이 부속 건물을 더 지어야겠다고 걱정하고 있을 때, 어디에선가 문득 소 한 마리가 나타났다. 스님들은 별 생각없이 수레에 재목을 실어놓는데, 소가 그 수레를 끌고 어디론가 가기 시작했다. 스님들은 이상해서 소가 가는 곳을 따라가보니 지금의 마애불상 있는 곳으로 가 그 밑에 멈추어 섰다. 스님들은 무언가 영험이 있는 것이라고 여겨서 소가 멈추어선 곳에 부속 건물을 짓기로 했다. 소는 혼자서 부지런히 그 많은 재목을 전부 실어다 놓고는 그 자리에서 죽었다. 비록 축생(畜生)이기는 하지만 그 불심에 감복한 사람들은 우공(牛公)의 혼을 기리고자 탑을 세웠다고 한다.

❀ 남근석

관음전으로 들어서는 절 입구에는 남근석(男根石)으로 불리는 돌 4기가 놓여 있다. 이 남근석의 조성은 월악산 험한 봉우리가 마치 여인이 머리를 풀고 누워 있는 형상과 같아서 그것과 연관시켜

덕주사지 우공탑

조성한 것이라고 전한다. 이것은 전통적으로 남근석이 득남 기도처로 애용된 것과도 무관하지 않다고 한다. 곧, 소원을 간절히 염원하면서 합장 기도하면 성취할 수 있다는 순수한 마음을 불심으로까지 승화시킨 것이라 볼 수 있다.

❀ 덕주산성

덕주산성(德周山城)은 월악산 중턱에 있는 신라 말 고려 초에 쌓은 석성(石城)이다. 경상북도 문경(聞慶)으로 통하는 도로를 막는 석성으로서, 둘레가 약 2km가 된다. 고려시대 몽고난 때 무너진 것을 조선 중종 때 새로 쌓았으나 임진왜란 때 다시 파괴된 것으로 보이며, 현재 충청북도에서는 산성 및 동·남·북문의 초루(哨樓) 복원사업을 벌이고 있다. 현재 충청북도지방기념물 제35호로 지정되어 있다.

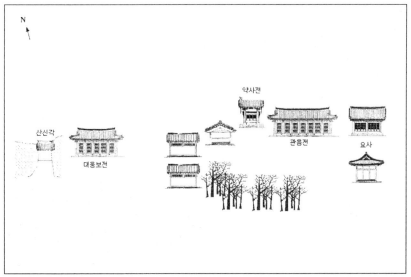

덕주사 가람배치도

무암사

🌀 위치와 창건

무암사(霧巖寺)는 제천시 금성면 성내리 1번지 금수산(錦繡山)에 자리
한 대한불교조계종 제5교구 본사 법주사의 말사이다. 제천에서 청풍호수변
도로를 따라 가면 봉비암 바위가 있는 성내리 마을이 나오는데, 이 마을 뒷
산을 산길로 3km 가량 오르면 절에 닿게 된다.

무암사 금수산 계곡의 뛰어난 풍광을 바라보며 자리한 절은 신라 문무왕때 창건된 사찰이라고 전한다.

1984년 청풍강이 수몰되기 전에는 북진나루·안암장터·느티나무골 등을 지나 약 십 리 길을 올라가는, 풍광이 아주 뛰어난 곳에 자리한 고찰이다.

절에서 전하기로는 신라 문무왕 때 의상대사가 창건했다고 하는데, 그것을 뒷받침할 수 있는 문헌이나 유적·유물은 없다.

그러나 같은 금수산 정상 가까이에 있는 신라시대의 고찰 정방사의 창건설과 비교하고, 또한 무암사의 사격(寺格)으로 미루어 볼 때 적어도 고려시대 이전에는 창건되었을 것으로 보아도 별 무리는 없는 듯하다.

창건 이후의 연혁은 자세히 전하지 않지만 『신증동국여지승람』에 절 이름이 기록되어 있으며, 『여지도서(輿地圖書)』의 기록에도 한 때 무림사(霧林寺)의 규모가 대단했다는 내용이 있어 참고할 수 있다.

또한 극락전과 요사의 지붕에 있는 기와에 1740년(영조 16)에 해당되는 명문이 있어 그 무렵 절을 중수했음을 알 수 있다.

한편 요사 앞 자연 암석을 지붕으로 삼은 곳에 1920년으로 추정되는 명문이 새겨진 디딜방아가 있어 역시 절의 연혁을 이해하는 데 도움을 준다.

최근에는 황로(黃老)스님이 주석하면서 수행과 기도도량으로 가꾸어가고 있다.

◑ 설화

극락전 건너편을 보면 서남쪽으로 약 1㎞ 되는 지점의 산등성이에 큰 바위가 하나 있다. 이 바위는 높이 약 5미터, 둘레 3미터 정도 되는 크기이며, 검은 빛을 띠는 화강암으로서 멀리서 보면 마치 노스님이 깊은 참선에 들어가 있는 듯한 모습을 하고 있기 때문에 언제부터인가 '노장암(老丈巖)'으로 불리고 있다.

그런데 이 노장암을 풍수(風水)와 연관시켜 말하기를, 절 입구에 승려 모

요사 앞 자연 암석을 지붕으로 삼은 곳에는 1920년대 무렵의 디딜방아가 있다.

양의 바위가 있으면 그 절의 향화(香火)가 끊이지 않을 뿐만 아니라, 절의 식량도 넉넉해진다는 말이 있다.

이 노장암에는 무암사와 얽힌 이야기가 전한다.

옛날에 무암사에 터를 잡고 절을 세우니, 노장암이 있는 서쪽 골짜기에는 봄·여름·가을에 늘 안개가 자욱하여 다른 절에서는 보기 힘든 기이한 경관이 나타나곤 했다. 더구나 안개가 노장암을 감쌀 때면, 노장암이 오히려 더욱 또렷이 나타나 마치 살아 있는 노스님 같고, 안개가 걷히면 그 때서야 희미해지는 이상한 현상을 나타냈다. 그래서 무암사 스님들 사이에는 안개가 있을 때면 더욱 정진하고, 안개가 걷히면 잠시 쉬라는 뜻으로 받아들여졌다고 한다.

이 안개의 자연 현상에 따라 한 때 절 이름을 무림사(霧林寺)라 했다 한다.

☯ 주요인물

❀ 안현경스님

안현경(安玄鏡, 1910~1993)스님은 열반하기까지 무암사에서 38년 동안 주석하며 수도했던 잘 알려지지 않았던 선승이다.

스님의 언행이 평소 얼마나 무거웠던지 정부나 혹은 종단에 대한 그 어떤 불평도 없었고, 간혹 본사에서의 말사 주지회의나 수련회 또는 승려로서 참석해야 할 모임이 있으면 어떤 일이 있어도 참석하는 본분을 지켰다.

또는 어려움에 처한 사람이 있으면 거리의 멀고 가까움을 가리지 않고, 더러는 국외까지도 마다않고서 조금씩 모아 놓은 정재(淨財)를 들여 돕기도 했다.

출가한 승려로서 청규(淸規) 정신을 그대로 실천하며 생활했던 스님은 절에 재(齋)가 있어 마을에 장보러 갈 때도 5신채(辛菜)를 피하고 쓸데없

극락전 지붕의 기와에서 1740년에 해당하는 연호가 발견되어 이 무렵에 건립된 것으로 추정된다. 조선시대 조성된 아미타불상이 봉안되어 있다.

는 비용을 줄이기 위해 반드시 절에서 도시락을 싸가지고 다녔다. 이것은 은사인 이대휘스님(「강천사」편 참고)의 가르침에 따른 청빈한 수행자로서의 면모를 볼 수 있는 대목이다.

스님의 행적과 관련해서 다음과 같은 일화가 전한다. 한 번은 무림사 극락전에 봉안한 아미타불상이 도난을 당했다. 스님은 부처님을 못찾으면 목숨을 버린다는 각오로 불철주야 기도를 올린 끝에 영험을 얻어 300리 먼 곳에서 다시 찾을 수 있었다고 한다.

스님은 입적 직전까지 기도와 참선 틈틈이 채마밭을 일구며 자급자족하는 청정생활을 일상화했으며, 절에서는 입적 후 사리를 수습해서 부도를 세웠다.

◑ 성보문화재

현재 절에는 극락전을 비롯해서 칠성각 · 산신당 · 수호실 · 요사 등의 건물이 경내 바위 사이에 조화롭게 자리하고 있다.

❀ 극락전

지붕에 있는 기와에 1740년에 해당되는 연호가 있어서 극락전도 이때 지은 것으로 추정한다. 방위는 서남향으로 앞면과 옆면 각 3칸의 건물인데, 맞배지붕이면서 다포(多包) 양식을 갖추고 있다. 주춧돌은 윗면을 평평하게 다듬은 자연석을 사용했다. 기둥의 재질은 이 지방 사람들에게 싸리나무로 알려져 신비스런 신목(神木)으로 여겨지고 있으나, 느티나무의 일종으로 추정된다. 아마도 250여 년 동안 풍우를 맞아 느티나무의 부드러운 섬유질이 벗겨나가 그렇게 보이는 듯하다.

안에는 아미타불상 · 지장보살상이 있고, 불화로는 아미타후불탱화와 신

제석천룡탱화

1930년 호영 삼천 스님이 그린 불화로 극락전에 봉안되어 있다.

중탱화가 있다. 그 밖에 1922년 일본에서 제작된 동종 및 조선시대 초기에 조성한 것으로 추정되는 목재 위패 2개가 있다.

한편 무암사에는 목재 위패와 함께 만들어진 것으로 보이는 목재 촛대도 있었으나 지금으로부터 30여 년 전에 도난당했다고 한다.

아미타불좌상은 조선시대에 조성한 목조불로서, 조선시대 불상에서 흔히 볼 수 있는 양식을 하고 있다. 두 손은 각각 별도로 만들어 팔목에 끼운 것이다. 본래는 양쪽의 협시보살로 관음보살과 대세지보살상, 또는 지장보살상이 있었을 것인데, 지금은 조성한 지 그다지 오래되지 않아 보이는 지장보살상만 있다.

아미타후불탱화ㆍ신중탱화는 1930년 호영 삼천(湖映三千) 금어스님이 그렸는데, 크기는 후불탱화가 가로 279㎝, 세로 243㎝이며, 신중탱화는 가로 140㎝, 세로 133㎝이다. 호영 삼천스님은 1933년에 경북 문경시의 대승사(大乘寺) 묘적암 아미타후불탱화를 그린 금어이다.

❀ 칠성각 · 산신당

칠성각은 맞배지붕에 앞면과 옆면 각 1칸의 규모로서, 안에는 1926년에 성응하(成應荷)스님이 그린 가로 155㎝, 세로 123㎝의 칠성탱화가 있다.

산신당은 맞배지붕에 앞면과 옆면 각 1칸이며, 안에는 산신상과 1989년에 조성한 산신탱화가 있다.

절에서 전하기로는 칠성각 · 산신각 모두 지은 지 100년 정도 되었다고 한다.

❀ 부도

수월당(水月堂) 부도와 우부도(牛浮屠)가 절에서 약간 떨어진 이른바 '소부도골'에 있는데, 이곳에는 옛 건물지가 남아 있다.

수월당 부도는 조선시대의 부도로서 높이 180㎝이다. 화강암석을 둥글게

부도 수월당과 우부도로서, 절에서 산 쪽으로 올라간 옛건물지의 축대 등이 남아 있는 곳에 있다.

다듬은 대석 위에 좌대석·탑신석은 각각 다른 돌로 만들어 놓았다. 어느 때인가 땅속에 묻혀 있었던 것을 1959년 안현경스님의 현몽에 의해 발굴했고, 1961년 지금의 자리로 옮겨 봉안했다.

우부도는 일명 '소부도'로 부르기도 한다. 무암사 창건 당시 황소 한 마리가 목재를 열심히 나르며 일하다가 노쇠해 죽었다. 스님들이 비록 소이기는 하지만 그 공을 잊지 못해 화장하니, 영롱한 사리가 많이 나와 부도를 만들어 봉안했다고 한다. 현재 탑신만 남아 있으며, 높이가 190cm이다.

그런데 이 부도들이 있는 부근에는 석축이 남아 있어, 과거의 절터가 아닌가 추측된다.

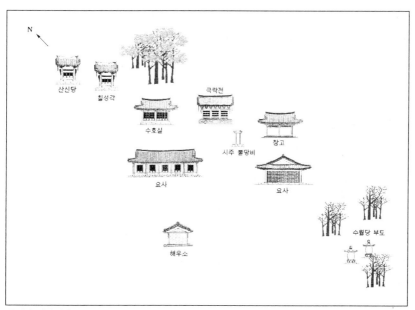

무암사 가람배치도

백련사

🌀 **위치와 창건**

　백련사(白蓮寺)는 제천시 봉양읍 명암리 325번지 감악산(紺岳山)에 자리한 대한불교조계종 제5교구 본사 법주사의 말사이다.

　감악산은 치악산(雉岳山)의 지맥으로서 높이 800미터인데, 그 정상 가까운 깊은 산 속에 백련사가 위치해 주위환경이 아름답다. 절에 오르는 산길

백련사　감악산 정상 가까이에 자리한 절은 산의 입구에서부터 절 마당에 이르기까지 좋은 경치를 보여준다. 절의 뒤편으로 일출봉과 월출봉이 솟아 있다.

초입에는 오래전 '나무아미타불'을 큼직하게 한자로 새겨 놓은 염불바위가 있어 백련사의 정취를 더해준다.

절에서 전하기로는 신라가 삼국을 통일하기 직전인 662년(문무왕 2)에 의상스님이 백련지(白蓮池) 동쪽에 작은 암자를 짓고 백련암이라고 했는데, 이것이 지금 백련사의 창건이라고 한다.

그 뒤 692년(효소왕 1)에 큰비가 와서 산사태가 일어나 백련지가 묻히고 절도 없어졌다가, 819년(헌덕왕 11)에 다시 그 자리에 무착(無着)스님이 중창했다.

고려시대에는 1358년(공민왕 1)에 나옹(懶翁)스님이 경기도 여주의 신륵사(神勒寺)를 창건하고 이어서 백련사를 중수했다.

조선시대에 들어서도 1587년(선조 20)에 벽운(碧雲)스님이, 1624년(인조 2)에 취운 학린(翠雲學璘)스님이 각각 중수했다. 1798년(정조 2)에는 해련 처봉(海蓮處峰)스님이 중수하면서 산 이름을 감악산이라 하고 절 이름도 감악사로 고쳤다.

1910년(융희 4)에는 응파 유일스님이 중수했으나, 1916년에 화재로 전 당우가 불타 없어졌다. 그러자 같은 해 10월에 윤인선스님이 산성 안의 현 위치로 절을 옮겨서 중창하고 절 이름을 지금과 같이 백련사라고 했다.

한편 1588년(선조 21)에 사명대사가 지은 「치악산백련사중창기문」이 『조선사찰사료』에 실려 있어 절의 연혁에 참고할 수 있다. 그에 의하면 1008~1016년 사이에 초가를 짓고 연화암(蓮花庵)이라 했고, 1116년(예종 11)에 하의(荷衣)라는 도인이 이 암자에서 기거했다. 조선시대에 들어와서는 1552년(명종 7)에 학륜(學輪)스님 등이 이곳에 와서 지냈으며, 1570년대 초에 벽운(碧雲)·조당(祖唐)스님이 윤한필(尹漢弼)·김유량(金有亮) 등과 함께 절을 중창했다. 이어서 1577~1579년(선조 12)에 자운(慈雲)스님이 이희록(李希祿)의 도움을 받아 중수했다. 또한 1584~1587년 동안 망월루(望月樓)를 세우고 요사·향적당(香積堂) 단청을 하는

보응문

등의 불사를 마쳤다.

근대에 와서는 1947년에 무룡 태순스님이 중수했으나, 1950년의 한국전
쟁으로 절 일부가 소실되었다. 1957년에 박현장스님이 중창했고, 1959년
과 1962년에도 각각 한 차례씩 중건했다. 1977년에는 돌축대를 크게 쌓았
고, 1979년에 법당을 지었다. 그리고 최근 1995년에도 중수를 하여 오늘에
이른다.

해방 후 최근에는 1979년에 담월 일운스님이 중창했다.

백련사라는 절 이름은 예로부터 백련이 자생하여 백련지라고 부르던 남
쪽의 작은 연못에서 유래했다고 한다.

산내암자로는 미륵사 · 신흥사 · 천수암 · 은적암 · 청련암이 있었으나 지
금은 다 없어지고 그 터만 남아 있다.

현 주지인 일운 담월(一耘潭月, 1924~)스님은 1943년 묘향산 보현사 강원과 1945년 서울의 개운사 대원암 강원에서 박한영스님 밑에서 경학을 배워 1945년에 졸업했으며, 1978년 이래 줄곧 백련사에 주석하고 있다.

◐ 성보문화재

현재 절에는 대웅전·삼성각 및 요사인 무염당(無染堂)·보응문(普應門) 등의 건물이 있다. 무염당은 1981년, 보응문은 1983년에 지었다.

대웅전 석가불좌상　　대웅전은 1976년 수해로 무너져 지금의 건물로 새로 지었다. 안에는 조선시대에 조성된 목조 석가모니불상이 봉안되어 있다.

⊛ 대웅전

팔작지붕에 앞면 5칸, 옆면 2칸의 건물로서 1979년에 지었다. 대웅전을 짓기 전에는 1959년 무렵에 지은 팔작지붕에 앞면 6칸, 옆면 3칸의 인법당 건물이 있었으나, 1976년의 수해로 무너지자 헐어버리고 지금의 대웅전을 지었다.

안에는 석가불좌상과 영산후불탱화 · 신중탱화, 나한도 벽화 4점 및 동종이 있다.

석가불좌상은 목조불로서 조선시대 때 봉안한 것으로 전해지며, 크기는 높이 75㎝, 어깨 너비 45㎝이다.

⊛ 삼성각

맞배지붕에 앞면 3칸, 옆면 2칸으로서 1962년에 지었다.

안에는 치성광여래상 · 산신상 · 독성상이 있고, 불화로는 영산회상도 · 신중도 · 칠성도 · 산신도 · 독성도 등이 있다.

영산회상도와 신중도는 1941년에 보경 보현(寶鏡普現) 금어스님이 그렸으며, 산신도 · 칠성도 · 독성도 등은 1959년 무렵에 조성되었다.

무착당 부도

❀ 부도

백련사 동남쪽으로 200미터 가량 떨어진 곳, 이른바 병풍바위가 있는 산중에 있다. 이 부도는 백련사를 중창한 무착조사의 것으로 전해져 일명 '무착조사 무원석'이라 부르기도 한다.

높이 150cm에 화강암으로 조성되었으며, 4각형 기단 위에 석종형 탑신을 얹은 조선시대의 전형적 형식을 하고 있다.

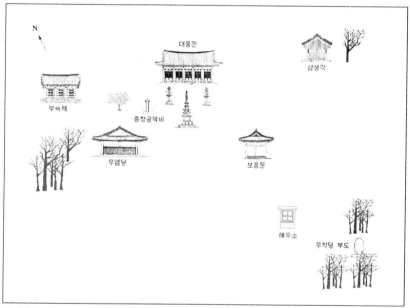

백련사 가람배치도

복천사

🔵 위치와 연혁

복천사(福泉寺)는 제천시 교동 산 9-1번지 독송정산(獨松頂山) 서편 능선 중간 지점에 자리한 선학원 사찰이다. 독송정산은 시내 중심부에 있으며 일명 독순봉 혹은 독심정(獨尋頂)이라고도 한다.

독심정이라는 산 이름은 조선시대 초 세조가 단종을 폐위하고 영월 청량

복천사 1903년 산신각으로 시작하여 창건된 절은 1929년 산신당과 법당을 중수하면서 지금의 이름으로 불리게 되었다.

포로 유배보낸 데서부터 비롯 된다. 이 때 훗날 생육신의 한 사람으로 불린 원호(元昊)가 원주 고향으로 와 있다가 단종 이 폐위되어 영월에 유배되었 다는 소식을 듣고는 청량포와 가까운 제천으로 왔다. 원호는 제천현 동헌(東軒)의 앞산인 이 산이 근처에서 가장 높고 또한 청량포가 흐르는 방향이 라 매일 홀로 산 정상에 올라 청량포를 향해 망배하고 통곡

산신당

했는데, 그로부터 이 산을 독심정이라 부르게 되었다고 한다.

1903년 강원 만성보살이 산신각을 지었는데, 이것이 복천암의 창건이다. 그리고 법당 겸 요사로 방 2칸과 부엌 한 칸을 함께 지었다.

그 뒤 1929년 단양에 살던 노춘식(盧春植)이 복천암으로 와서 산신당과 법당을 중수하고 복천사라고 불렀다. 이후 근처에 있는 강천사에서 관리하 다가, 1982년에 현재의 주지 홍엽(弘葉)스님이 주석하면서 1993년 인법당 을 헐고 극락전을 지었다. 아울러 1929년 무렵에 지어진 산신당은 중건했 으며, 종각·요사 등을 새로 지었다.

◐ 성보문화재

현재 절에는 극락전을 비롯해서 산신당·범종각·일주문·요사 2동이 있다.

비석으로는 「산신각 중수비」·「복천사 중수 공적비」(1929년)를 비롯해

서 근래에 세운 「복천암 창건자 강원만성 영세불망비」(1976년), 「복천사 도량시주 공덕비」(1990년)가 있다.

❀ 극락전

팔작지붕에 앞면 4칸, 옆면 2칸의 건물이다.

안에는 아미타삼존불상 및 불화로서 후불탱화·지장탱화·신중탱화·칠성탱화가 봉안되어 있다. 그리고 오른쪽 방 1칸에는 따로 석가불좌상과 후불탱화가 봉안되어 있다.

❀ 산신당

1929년에 중수한 1.5평 크기로서, 맞배지붕에 앞면과 옆면 각 1칸의 건물이다.

안에는 산신탱화가 있다.

❀ 복천사 석탑부재

극락전 남쪽에 조선시대 탑파의 부재로 추정되는 옥신석·갑석·옥개석·노반 등이 남아 있다. 옥개석과 노반은 한 개의 돌로 이루어졌고 나머지는 각각 한 개씩의 돌로 만들

석탑부재

어졌다.

옥신석의 크기는 가로 43cm, 세로 43cm, 높이 21cm이며 양쪽에 우주를 새겼다. 우주의 너비는 9cm이다.

갑석은 대부분 파손되어 실제 크기는 알 수 없고, 3단의 옥개받침이 양각되어 있다. 갑석의 크기는 장변 84cm, 단변 58cm, 두께 5.5cm이다.

옥개석의 크기는 장변 54cm, 단변 40cm, 두께 19.5cm이다. 옥개받침의 수는 3단이고 높이는 1cm로 낮은 편이다. 옥개석 윗면에는 1단의 노반 받침을 두었다.

상륜부의 하나인 노반의 크기는 한 변의 길이 19cm, 두께 6cm로서 윗 변이 아랫 변보다 약간 좁은 사다리 꼴을 하고 있다.

이처럼 제작수법이나 사찰 주변에서 수습되는 기와를 볼 때 이 탑 부재의 조성시기는 조선시대로 판단된다. 사찰 주변에는 파도무늬 평기와 2개와 복합문 평기와 1개가 출토되었다.

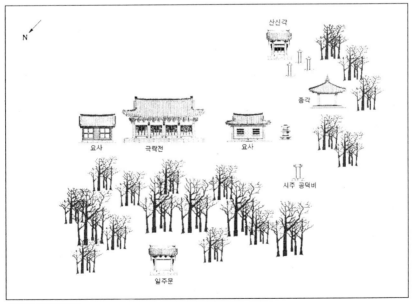

복천사 가람배치도

신륵사

◑ 위치와 창건

신륵사(神勒寺)는 제천시 덕산면 월악리 803-5번지 월악산(月岳山)에 자리한 대한불교조계종 제5교구 본사 법주사의 말사이다.

국립공원 월악산에는 신륵사를 비롯해서 덕주사와 보덕암이 있다. 신륵사와 덕주사는 신라시대의 고찰이며, 보덕암은 옛 절터 위에 근래 새로 지

신륵사 덕주사와 함께 월악산에 위치한 신라시대의 고찰로 아도화상이 창건하였다고 한다. 오늘날 새로운 전각들이 들어서면서 예전의 면모를 갖추어 가고 있다.

은 절이다. 이 세 사암(寺庵)은 월악산의 영봉(靈峰)을 중심으로 삼각점을 이루고 있는데, 신륵사는 그 동쪽 지점의 산기슭에 위치한다.

절은 582년에 아도화상(阿度和尙)이 창건하고, 신라 문무왕대(661~680)에 원효대사가 중창했으며, 조선에 와서는 무학대사와 사명대사가 각각 중창했다고 전하고 있다. 절에서 전하는 창건 및 연혁에 의하면, 신륵사는 제천 지방에 있는 사찰 가운데 가장 이른 시기에 창건된 것으로 볼 수 있다.

한편 유물로 볼 때 신라시대에 세워진 삼층석탑이 있어 고찰의 향기를 더해 주며, 극락보전·괘불대 등도 역사가 오랜 성보문화재로서 예전 신륵사의 규모가 대단했음을 나타내준다.

그러나 한국전쟁을 거치면서 사세가 몹시 기울었는데, 근래에 들어 국사당·산신각을 새로 지으면서 예전의 면모를 되찾아 가고 있다.

◑ 성보문화재

현재 절에는 극락전·산신각·국사당(局師堂)·요사 등의 건물이 있다.

산신각은 맞배지붕에 앞면과 옆면 각 1칸씩의 건물이며, 1990년에 조성한 산신탱화가 있다.

❀ 극락전

맞배지붕에 앞면과 옆면 각 3칸의 규모로서, 충청북도 유형문화재 제132호로 지정된 조선시대 후기 건물이다. 맞배지붕이면서 공포(栱包)를 다포로 처리한 것이 특징인데, 1960년에 일부 중수했다. 기둥은 느티나무를 썼고, 건물 외부 처마 아래에 1960년에 쓴 「월악산신륵사중수기」가 걸려 있다.

극락전 조선시대 후기의 건물로 내·외벽은 다양한 벽화로 장엄되어 있다. 충청북도 유형문화재 제132호

안에는 아미타불상을 중심으로 좌우에 관음보살·세지보살상이 협시한 삼존상을 비롯해서, 아미타후불탱화 및 1987년에 조성한 지장탱화·칠성탱화·신중탱화가 있다.

후불탱화는 화기 아래 부분이 잘려져 있고, 탱화 좌우의 산중질과 연화질도 반씩 잘려진 상태라서 정확한 연대 측정은 어렵다. 다만 왼편 화기 연화질 부분에 '嘉慶十□年 …'이라는 기록이 있어 이 그림이 1806년에서 1814년 사이에 조성된 것을 추정해 볼 수 있다. 그러나 그림을 그린 금어스님은 확인되지 않는다. 크기는 가로 280㎝, 세로 300㎝이다.

극락전은 다양한 벽화로 장엄되어 있다. 건물 외벽 오른쪽 상단에는 사명대사가 일본에 가는 장면인 「선유도」가 그려져 있는 것을 비롯해서 아미타도·관음도·달마대사도·반야용선도(般若龍船圖) 등이 그려져 있다. 내부에는 문수보살과 보현보살이 각각 사자와 코끼리를 타고 있는 고색창연한 그림을 비롯해서, 신장도 2점, 대자재제석도(大自在帝釋圖), 16존자도,

참배후는 반드시 □ □ 을 끄십시오

복
전

극락전 외부벽화 건물 외벽 상단에는 사명대사가 일본에 가는 장면인 선유도를 비롯하여 아미타
도 · 관음도 그리고 반야용선도 등이 그려져 있다.

범왕제석도, 나한도 4점 등의 벽화가 있다.

또한 천장에도 천동 · 천녀 주악도(奏樂圖) 등의 벽화가 그려져 있는데,
주악상을 중심으로 잉어인 듯한 30여 마리의 물고기가 양각으로 새겨져 있
는 것이 색다르다. 천장 가운데의 네 귀에는 네 마리의 용이 승천하는 기상
으로 그려져 있다.

❀ 아미타삼존불상

극락전 내에 봉안된 아미타불좌상은 목조로서 크기는 전체 높이 119㎝,
어깨 너비 52㎝이다. 머리는 나발(螺髮)이며 육계가 낮고 두 눈썹 사이에
백호가 있으며, 상호가 원만하다. 귀는 길고 큰 편이며 목에 삼도가 있다.
수인(手印)은 무릎 가까이 수평으로 손바닥을 위로 해서 들고 있으며, 결가
부좌한 두 무릎을 불의(佛衣)가 덮고 있다. 전체적 양식으로 보아서 조선시
대 초기에 조성된 것으로 추정된다.

관세음보살좌상 및 세지보살좌상 역시 목조로서 관음보살상은 전체 높이 114cm, 어깨 너비 43cm이며, 세지보살상은 높이 110cm, 어깨 너비 40cm이다. 조성연대는 관음상이 1960년이며, 세지보살상은 조선시대로 추정된다.

⊛ 국사당

맞배지붕에 앞면과 옆면 각 1칸의 규모로서, 안에는 작은 보살상 1체와 1977년에 조성한 산신도가 있다.

국사당은 다른 사찰에서는 쉽게 볼 수 없는 전각인데, 이곳에 국사당이 모셔진 내력을 살펴보면 다음과 같다.

월악산은 예로부터 국내 굴지의 명산으로 알려져 신라시대부터 사당을 두고 하늘에 제사 지내던 곳이다. 이 사당을 일명 월악산 신사(神祀)라고 부르기도 했으며, 나라에 큰 전란이 있을 때마다 이 부근 사람들은 이 신사로 대피했다고 한다. 고려시대인 1256년(고종 43)에 몽고가 침입했을 때나 혹은 조선시대 1592년(선조 25)의 임진왜란 초반에 조령을 넘어 쳐들어 온 왜군과 조선의 관군이 충주에서 격전을 치를 때도 이곳 사람들은 월악산 신사에 모여 난을 피했다.

이렇게 큰 난리 때마다 모두 무사할 수 있었던 것은 월악산 신사의 무량한 영험 때문이라고 여긴 이곳 사람들은, 늘 신

극락전 내부 신장벽화

국사당

예로부터 나라의 큰 난리 때마다 월악산 산신의 무량한 영험으로 어려움을 이겨나갔다. 그러나 점차 사람들이 잊기 시작하자 그 감사하는 마음을 기리기 위하여 경내에 국사당을 짓고 월악산 산신을 봉안하였다고 한다.

사에 제사드리는 것을 잊지 않았었다.

그러나 일제강점기가 되면서 사람들의 생활이 어려워지자 월악산 신사는 방치되어 퇴락되었는데, 월악산 아래 산촌마을에는 때아닌 가뭄과 홍수로 흉년이 매해 끊이지를 않았다.

이때 신륵사에는 주술에 능한 한 스님이 있었다. 스님은 이처럼 흉년이 드는 것은 사람들이 월악산 산신에 대해 감사하는 마음을 저버렸기 때문이라고 하여, 절 경내에 국사당을 짓고 월악산 산신을 봉안했던 것이다.

⊗ 삼층석탑

극락전 앞 200미터 지점에 있는 신라시대 탑으로서, 충청북도 유형문화재 제4호로 지정되어 있다.

방향이 극락전 정면과 약간 어긋나 있고 조화스럽지 못한 점으로 보아 극락전과 서로 다른 시기에 조성되었거나, 혹은 다른 곳에서 이전된 것이 아닌가 생각된다.

양식은 이중기단과 탑신부, 상륜부(相輪部)가 잘 남아 있는 통일신라시대의 전형적 삼층석탑이다. 상륜부는 노반·복발·앙화·보륜·보개·찰주 등이 완전히 남아 있는데, 이 같은 예는 드물다.

1981년 4월 해체 복원시 기단 내부에서는 높이 3.5~5cm 크기의 토탑(土塔) 108개와 사리함(舍利函) 두 조각이 발견되었는데, 사리함은 금동편과 동편(銅片)이 각각 하나씩으로서 그 양식은 서로 다르다. 이 유물들은 현재 국립청주박물관에 보관 전시되고 있다.

삼층석탑과 괘불대 통일신라시대의 전형적인 삼층석탑으로 상륜부가 완전히 남아 있다. 해체복원 당시 사리함이 발견되었다.

✿ 괘불대

삼층석탑 앞에 있으나 본래의 자리는 아니고 다른 곳에서 옮겨진 듯하다. 크기는 두 지주(支柱)의 높이가 각각 175cm, 너비는 동쪽 것이 40cm, 서쪽의 것이 43cm로서 크기에 약간 차이가 있다. 두 지주는 아래 위로 60cm의 간격을 두고 두 개의 홈이 있는데, 그 가운데 동쪽 것은 홈이 좌우로 맞뚫려 있다.

✿ 부도

절에서 약 2km 가량 되는 지점에 1984년 무렵까지만 해도 부도 2기가 있었으나, 현재는 1기만 남아 있다.

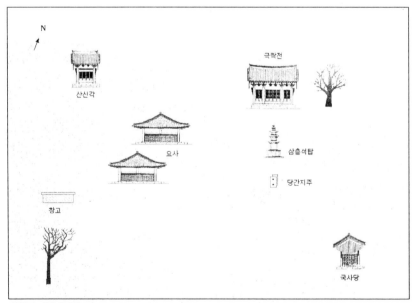

신륵사 가람배치도

원각사

🌀 위치와 창건

원각사(圓覺寺)는 제천시 남천동 967번지에 자리한 한국불교태고종 사찰이다.

절은 1936년에 영하(永河)스님에 의해 창건되었으며, 곧이어서 혜봉스님이 주지로 있었다. 그 뒤 1965년 무렵부터 지암 영지스님이 1988년 입적

원각사 대웅전 절의 창건은 오래되지 않았으나, 제천불교연합회를 결성하고 제천불교대학을 운영하는 등 현대적 포교활동에 적극적인 힘을 기울이고 있다.

할 때까지 30여 년 동안 절에 주석하면서 사세가 늘어났다. 스님은 주지로 취임할 당시까지만 하더라도 불교세가 그리 활발하지 못했던 제천 지방에 제천불교연합회를 결성해 포교에 앞장섰고, 또한 태고종 총무원장으로서도 활발한 활동을 했다. 지금은 영지스님의 제자인 원명스님이 주지로 주석하고 있다.

원각사는 제천 시내에 자리하여 관음기도 도량과 함께 포교당으로서의 역할도 하고 있으며, 제천불교대학을 운영하고 있다.

◐ 주요인물

❀ 지암 영지스님

지암 재윤(芝庵在允, 1912~1988)스님은 제천 불교의 발전에 많은 노력을 기울였으며, 원각사에 오랫동안 주석하면서 절을 지금의 규모로 일구는 데 있어 이바지한 학승이었다.

스님은 진천군 덕산면 산수리에서 태어났다. 아버지는 법주사와 금강산의 여러 사찰과 단양 원통암 등지에서 오랫동안 수도생활을 하고 원각사에서 입적한 박윤희스님이다. 지암스님의 어렸을 적 이름은 영지(靈芝)인데, 흔히 영지스님으로 더욱 알려져 있다. 어려서는 한학과 신학문을 함께 배웠으나, 1919년의 3.1독립운동 이후 출가 수도의 뜻을 세워 1924년 속리산 법주사에서 박면우스님을 은사로, 이용허스님을 계사로 득도하여 재윤이라는 법명을 얻었다.

그 뒤 법주사 불교전문강원에서 수학하고, 지금의 동국대학교 전신인 혜화전문학교 불교과를 졸업했다. 1946년에 법주사에서 재무 · 교무 등을 지낸 뒤 1963년에 원각사 주지로 주석했다. 이후 1970년 한국불교태고종이 구성됨에 따라서 충청북도교구 종무원장이 되었고, 1975년에 중앙종회 부

지암 영지스님 부도와 비

의장이 되었으며, 아울러 대종사 법계를 받았다. 이어서 1979년에 총무원 장과 더불어 동방불교대학 이사장이 되었다. 1984년부터 사정원장으로 재임 중 1988년 12월 31일에 열반했다. 다비 후 사리를 수습하여 원각사에 부도와 부도비를 세웠다.

◑ 성보문화재

현재 절에는 대웅전 · 범종각 · 일주문 · 승방 · 요사 등의 건물이 있다.

❀ 대웅전

팔작지붕에 앞면 3칸, 옆면 2칸의 규모로서 1981년에 새로 지었다.

안에는 불상은 없고 목조의 관음보살상을 중심으로 지장보살상 · 대세지 보살상이 좌우에 있다. 탱화로는 근래에 조성한 후불탱화를 비롯해서 독성

대웅전 관음보살상

고려말 나옹스님이 조성
하였다고 전하는 목조의
관음보살상. 신도들 사
이에 많은 이적을 나타
낸 영험있는 불상으로
알려져 있다.

탱화·신중탱화·칠성탱화·산신탱화가 있는데, 화기가 가려 있어 정확한
조성연대는 알 수 없으나 대체로 1960년대에 봉안한 것으로 추정된다.

❀ 관음보살상

대웅전 주존으로 봉안되어 있다. 사찰에서 전하기로는 이 목조관음상은
고려 말 나옹(懶翁)스님이 조성한 것으로서, 본래 다른 사찰에서 다른 대세

지보살상과 함께 불상의 협시 보살상으로 봉안되었다가 언제인가 이곳으로 옮겨졌다고 한다. 신도들 사이에는 여러 이적(異蹟)을 나타낸 영험있는 불상으로 알려져 있다.

크기는 전체 높이 113cm, 어깨 너비 44cm이다.

❀ 승방

승방(僧房)은 팔작지붕에 앞면 6칸, 옆면 3칸의 규모로서, 학기 중에는 제천불교대학의 강의실로 사용한다. 본래 이 자리 근처에는 창건 당시의 인법당이 있었으나 1981년에 철거되었고, 그 곳에서 약 2미터 가량 뒤로 물러선 곳에 승방을 세웠다.

승방 외벽 아래에는 오래된 편액 3점이 걸려 있어 눈길을 끈다. 하나는

승방 학기 중에 제천불교대학의 강의실로 사용되는 건물. 승방외벽에는 편액 3점이 걸려 있다.

「해동제일난야(海東第一蘭若)」로서, 지금으로부터 약 450여 년 전 중국 명(明)나라의 유명한 서화가인 동기창(董其昌)이 썼다고 전한다. 그리고「여차석(如此石)」이라 쓴 편액은 조선 후기의 서예가이자 금석학자로 유명한 추사 김정희(金正喜)의 글씨다. 또 한 점의「심시불(心是佛)」이라는 편액 끝에는 '회옹(晦翁)'이라는 호가 보인다.

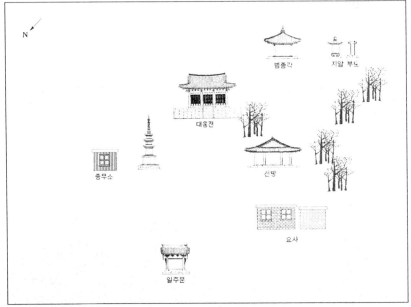

원각사 가람배치도

월명사

☯ 위치와 창건

월명사(月明寺)는 제천시 송학면 시곡리 719-2번지 송학산(松鶴山)에 자리한 한국불교태고종 사찰이다.

제천 시내에서 동북쪽으로 8km 가량 국도를 따라 가면 송학면이 있고,

월명사　송학산 남쪽 능선 아늑한 곳에 자리한 절은 송학면의 부자 이원성이 별장으로 사용하다 사찰로 기증하여 월명사로 창건되었다.

면소재지 북쪽에 명산 송학산이 우뚝 솟아 있다.

월명사는 송학산 남부 3부 능선 높이 1,000여 평 되는 아늑한 곳에 위치하는데, 시곡리 원바우 마을에서 좁은 길을 따라 향긋한 솔냄새 맡으며 1.5km 정도 오르면 닿을 수 있다.

절은 1870년대에 창건되었다. 원바우 마을에 송학면의 부자 이원성 처사가 살았는데, 이곳 월명사 자리는 삼림이 울창하여 공기가 맑고 한적하며 좋은 약수가 있어 여기에 별장을 짓고 애용하였다. 특히 1920년 무렵의 노년에 이곳을 많이 찾아 지냈었다.

그는 1929년 별세하면서 별장을 사찰로 쓰게 기증한다는 유언을 남겼는데, 이것이 월명사의 창건이다.

그 뒤 성심화 보살이 와서 불사를 이루었으며, 한때는 강천사의 이대휘스님도 여기에 머물렀다. 1958년에 법화(法華)스님이 주석하여 20년 동안 불사를 일으키다가 1978년 5월 13일 입적했고, 이 해에 현재의 주지 법회(法會)스님이 주석하면서 오늘에 이른다.

◔ 성보문화재

현재 절에는 대웅전 · 삼성각 · 범종각 · 요사 2동이 있다.

한편 법당 앞 마당 한 가운데에 아담하면서 우람한 소나무 한 그루가 자리하고 있는데, 수령은 대략 150년 정도로 추정된다.

❀ 대웅전

팔작지붕에 앞면 4칸, 옆면 2칸의 건물로서 1979년에 새로 지었다. 안에는 석가불좌상을 중심으로 좌우에 관음보살 · 대세지보살상이 있는 삼존상과 지장보살상이 모셔져 있다.

대웅전 1979년에 새로 지은 건물로, 석가모니불상을 중심으로 관음보살상과 대세지 보살상이 있는 삼존상과 지장보살상 등이 모셔져 있다.

불화로는 영산후불탱화를 비롯해서 지장탱화·신중탱화가 있고, 그 밖에 동종 1점이 있다.

❀ 삼성각·요사

삼성각은 맞배지붕에 앞면과 옆면 각 1칸의 건물인데, 1983년에 새로 지었다. 안에는 산신상과 산신도·칠성도·독성도가 있다.

요사 2동 가운데 오래된 함석지붕 건물이 예전의 법당으로서, 본래 이원성 처사가 별장으로 이용했던 건물이다. 1948년 무렵에 중수한 것으로 알려져 있다.

❀ 약수터

  절에서 30m 가량 밑으로 내려 가면 약수터가 있다. 절에서 1.5km 아래
에 있는 시곡리 주민들이 많이 애용하는 약수로서, 송학면 일대에서는 가
장 좋은 약수로 이름이 나 있다. 이 약수는 특히 위장병에 약효가 있다고
한다.

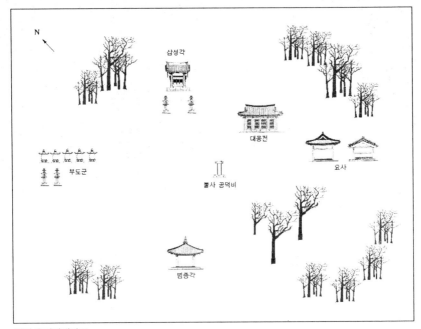

월명사 가람배치도

장락사

☯ 위치와 연혁

장락사(長樂寺)는 제천시 장락동 64번지에 자리한 선학원 사찰이다.

제천 시내에서 영월방면 국도로 1km 정도 나가면 철도와 국도가 나란히 달리는데, 거기에서 800m 정도 더 가면 오른쪽으로 장락동이 있다. 이곳을 지나 태백선 철도를 넘어서 마을에 들어서면 높이 9.1m의 7층 모전석탑(模

장락사　평지의 장락동 마을 가운데 자리한 절은 터만 남아 있던 곳인데, 1971년 법당을 완공하여 지금의 장락사를 창건하였다.

대웅전   1971년 건립되어 1993년에 중수되었다. 안에는 아미타 삼존불상 등이 봉안되어 있다.

博石塔)이 보인다. 이곳에 장락사가 있다.

지금 장락사가 들어선 곳은 통일신라시대에 세워진 장락리사지 모전석탑이 있는 자리로서, 이 탑 혹은 탑 주위에서 발견된 금동불상 등의 유물로 보아서는 통일신라 당시 이곳에 큰 사찰이 자리하고 있었음에 틀림없다. 그러나 모전석탑이 세워졌던 절이나 모전전탑 자체에 대한 문헌 기록은 하나도 없어 사찰이 언제 창건되었고 언제 폐허가 되었는지 그 유래를 전혀 알수가 없다.

그렇게 절터만 남은 이곳에 송학산 강천사에서 수도하던 법해(法海)스님이 1967년부터 머무르면서 불사를 일으켜 1971년에 법당을 완공하고 지금의 장락사를 창건했다. 그리고 법해스님이 1973년 2월 9일에 열반하자 그 해에 성원(聖元)스님이 주석하면서 관음전을 짓고 관음보살입상을 봉안했다. 현재는 1992년부터 혜원(惠源) 주지스님이 주석하고 있다.

☯ 성보문화재

현재 절에는 대웅전 · 관음전 · 요사 건물이 있다.

대웅전은 1971년에 완성되었으며, 1993년에 중수되었다. 안에는 아미타불상을 중심으로 지장보살 · 관음보살상이 좌우로 협시한 삼존상이 봉안되어 있다.

관음전은 1993년에 지었는데, 건물 바깥에 있는 관음보살입상을 보면서 기도 할 수 있도록 동쪽 벽면이 유리로 되어 있다.

관음보살상은 1984년에 조성된 총높이 4.56m의 입상이다. 팔각형 기단 위에 두 개의 연화대를 받치고 그 위에 높이 2.86m 되는 관세음보살입상을 모셨다.

☯ 장락리 절터

장락사지 모전석탑이 세워졌을 당시의 절에 관한 기록이 거의 없다는 것은 앞서도 밝힌 바 있다. 이 점은 매우 아쉬운 점인데, 다만 이 절터 근처에 예로부터 많은 사찰이 있었다는 구전이 전해 내려온다.

제천시 교동 고개를 넘으면 정거랭이(현 장락동 일대) 벌판이 펼쳐지며, 이 정거랭이 오른쪽 사방 오리가 옛날 통일신라시대 선덕왕 재위 시절의 절터였다고 전해온다. 곧 지금의 장락리 모전석탑이 자리한 부근으로서, 그 가운데 하나가 창락사(昌樂寺)라고 하는데, 창락사가 장락사지 모전석탑과 어떤 관계에 있는지 확실히 알 수는 없다.

칠층모전석탑

아무튼 이 절들의 규모가 얼마나 컸던지 오보(步)마다 석등이요, 십 보마다 불상이고, 백 보마다 가람이었다고 한다. 그래서 본당에서 절골까지 5리 사이엔 회랑이 연하여 승려들이 눈비를 안맞고도 수도했다 하며, 사월 초파일과 칠월 칠석날이면 3,000여 명의 승려가 목탁과 바라를 치고 법요식을 거행했다 한다. 그러나 지금은 칠층 모전석탑 하나만 남아 있을 뿐 그 형태조차 알 수가 없다.

❀ 칠층 모전석탑

통일신라시대에 축조된 탑으로서 보물 제459호로 지정되어 있다. 높이는 9.1m이고 석재는 회흑색 점판암을 절단하여 쌓아 올렸다. 기단은 단층으로 여러 개의 자연석을 쌓아 탑신부를 올렸다. 초층 네 모퉁이에는 높이 137cm, 너비 21cm의 화강석주를 세웠는데, 이러한 수법은 다른 전탑이나 모전석탑에서 볼 수 없었던 특이한 수법이다. 또 남북 양면에는 화강암으로 문주(門柱) 둘을 세우고, 미석(楣石)을 얹어 방곽(方廓)을 만들고 문비(門扉)를 달고 있는데 남면의 것은 상실되었다.

초층 탑신의 남북에는 감실(龕室)을 마련했다. 초층 탑신의 높이는 네 모퉁이의 방주(方柱)와 같고 너비는 2.8m이다. 지금은 동서 양면에 극심한 피해를 입어 탑재가 탈락되어 있는데, 이러한 피해는 2층 옥개석까지 미치고 있다. 옥개는 상하 모두 층단을 가진 전탑 특유의 형태를 하였고 추녀도 단축되었다. 추녀는 수평으로 평평하고 얇으며 우각(隅角)에는 풍령공(風鈴孔)이 뚫려 있고, 일부에는 풍령을 달았던 철제 고리가 남아 있다. 옥개받침과 그 상면(上面)의 층단은 9단 내지 7단으로 되었고, 옥개는 15단 내외로 구성되었다.

상륜부는 모두 없어지고 7층 옥개석 정상에 한 변 70㎝의 낮은 노반만이 남아 있는데, 그 중심에 17㎝의 둥근 구멍이 있고 이를 중심으로 연판(蓮瓣)이 조각되었다. 이 원공은 찰주공(擦柱孔)으로 해석되는데 6층 옥신까지 미치고 있다.

또한 주목되는 것은 바닥면을 회로 발랐던 흔적이 남이 있는 것으로서, 이는 경상북도 상주시의 석심회피탑과 같은 수법에 속하는 탑이 아니었던가 추정된다.

이 석탑은 경사가 심하여 보수를 위해 1967년 말 해체할 때 사리공(舍利孔)으로 해석되는 것이 발견되었으나 내용물은 없었다. 단지 칠층 옥개 상면에서 꽃모양이 투각된 청동편이 발견되어 본래는 청동제의 상륜부가 있지 않았나 추측된다.

해체 수리시 백자 종자(鍾子) 조각 여러 점, 금동편 3점, 금동불상 1점, 철편 3점, 사리장치 석재 1개가 발견되었다. 그 외에 부근을 지표 조사한 결과 선조문 평기와 3점, 어골문 평기와 1점, 복합문 평기와 1점, 무문 평기와 2점이 발견되었고, 토기 구연부편 1점, 토기 동체부편 3점 등도 발견되었다.

✿ 모전석탑에 얽힌 전설

제천시 장락동은 본래 제천현 현좌면 지역으로 창락(昌樂) 정거분, 정거여, 정거랭이라고도 하였다. 여기에 창락사(昌樂寺)가 있었다고 하는데, 창락사가 어떤 절인지 구체적으로 알려진 것은 없다.

지금은 이곳에 일명 장수탑(長壽塔)으로 불리는 칠층모전석탑이 있다. 혹은 장락탑으로도 부른다. 이 탑에는 다음과 같은 전설이 전한다.

옛날 장락리에 아주 나이가 많은 스님이 탁발을 왔다. 그런데 한 집주인이 심술궂게도 곡식 대신 모래를 퍼주었다. 옆에서 이것을 본 이 집 젊은 며느리가 스님을 쫓아가서 쌀을 주면서 시아버지의 무례를 용서해 줄 것을 빌었다. 노승은 며느리에게 얼른 자리를 피하라고만 이르고 표연히 가버렸다. 무슨 영문인지 몰라 며느리는 우두커니 서 있었는데 별안간 천지를 뒤흔드는 벼락치는 소리가 나더니, 심술궂은 사람의 집은 탑으로 변하고 착한 며느리는 돌로 변하였다.

그런데 탑 옆에는 큰 못이 생기게 되었고, 못 속에는 붕어 두 마리가 살게 되었다. 근처에 나이 어린 두 형제가 살았는데 동생은 날마다 이 연못에 와서 붕어들과 놀았다. 이에 샘이 난 형은 동생에게 붕어를 잡아오라고 했다. 동생은 싫다고 하다가 견디지 못하고 붕어에게 가서 어떻게 하면 좋겠느냐고 묻자 붕어들은 온 데 간 데 없이 사라지고 동생은 물 속에 끌려 들어가 죽고 말았다.

이 일이 있은 지 얼마 후에 두 마리이던 붕어가 세 마리가 되어 다시 나타나 물 속을 헤쳐 다니며 즐겁게 노는 모습을 볼 수 있었다. 형은 이것을 잡아 먹어 버렸다. 그랬더니 형 또한 죽고 말았다. 이 때 형이 살던 집 쪽으로 장수탑이 기울어졌다고 한다.

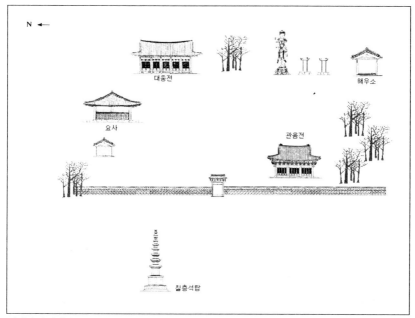

N ←

대웅전

해우소

요사

관음전

칠층석탑

장락사 가람배치도

정방사

☯ 위치와 창건

정방사(淨芳寺)는 제천시 수산면 능강리 52번지 금수산(錦繡山)에 자리
한 대한불교조계종 제5교구 본사 법주사의 말사이다.

정방사는 절에서 전하는 말로는 662년(문무왕 2)에 의상대사가 창건했
다고 한다. 이 내용이 기록으로 남은 것은 현재 법당 마루에 걸려 있는 「정

정방사　큰 바위암벽에 붙여 세워진 절은 위치가 협소하고 험하지만 영험있는 관음도량으로 알려져
있다.

정방사에서 내려다본 금수산과 청풍호

방사 창건연혁기」에서다. 「정방사 창건연혁기」는 1954년 혜봉(惠鳳)스님
이 지은 것인데, 이후 1969년에 발간된 『제천군지』에 662년 의상스님 창건
설이 언급된 것도 이 연혁기에 의거한 것으로 보인다. 물론 연혁기의 내용
은 예로부터 절에서 내려 오던 이야기를 적었을 것이다.

　그러나 의상스님은 이 때 중국에서 화엄학을 공부하던 시기이므로 662년
창건설은 의문이다. 하지만 의상스님이 창건한 사찰들의 공통적 특징, 곧
물이 귀한 깊은 산에 절을 지었거나, 또는 관음신앙과의 밀접한 관련 등이
정방사에도 그대로 적용되는 것으로 보아서는 연대의 착오는 있을지 몰라
도 의상스님 창건설 자체는 부정할 필요가 없다고 생각한다. 정방사에는
그 밖에도 의상스님과 관련된 여러 유적과 설화가 전하고 있다.

창건 이후의 역사는 전하지 않는데, 앞서의 「정방사 창건연혁기」 역시 의상스님의 창건에 관한 이야기가 주를 이룰 뿐 창건 이후의 연혁에 대해서는 별 내용이 없다. 다만 1530년(중종 25)에 완성된 『신증동국여지승람』 「청풍군」 〈불우〉조에 '산방사(山芳寺)·무암사(霧巖寺)는 모두 백야산(白夜山)에 있다.'는 기록이 있어서 참고가 된다. 이 기록으로 보아 정방사는 한때 산방사로 불려졌으며, 금수산 역시 백야산이라는 다른 이름이 있었음을 알 수 있다.

조선시대 후기에 와서는 1825년(순조 25)에 중수가 있었다고 전해지며, 현 법당 건물에 얹힌 기와의 명문에 1838년(헌종 4)으로 추정되는 간지와 '충청도 청풍 금수산 정방암(忠淸道淸風錦繡山淨方菴)' 및 '도편수 이대운' 등으로 새겨진 글씨가 있어 연혁 추정에 참고가 된다.

근대에 와서는 1950년대에 혜봉(惠鳳)스님이 「현혜문(玄慧門)」으로 편액한 일주문을 세우고, 전각 단청 불사, 탱화 조성 불사를 이루었다. 그리고 1974~1978년 사이에는 현재 제천 백련사의 주지인 담월스님이 이곳에 주석하면서 사찰창건기를 비롯해서 사찰 소유의 논·밭·산·건물·유물 등 사찰재산을 기록하였고, 아울러 범종 불사를 하면서 사찰의 면모를 새롭게 했다.

최근에는 석구스님이 주지로 주석하면서 대규모 중건 불사를 이루었다. 불상에 대한 개금 불사를 비롯해서 해수관음상·지장보살상을 새로 봉안했으며, 범종을 조성하고 산신각을 새로 지었다. 또한 칠성각과 요사를 중수하고 전화·전기·도로공사를 했다. 그리고 단양에 정방사 말사로 지장사를 세웠다.

앞에서 정방사는 물이 매우 귀한 곳이라 했는데, 큰 암벽에 가까이 붙여서 절을 지었을 정도로 깊은 산속에 자리하고 있다. 지금은 1984년에 청풍호수가 생겼고 길도 많이 나아져서 도로 입구에서 산길로 2km 가량 차로 절 아래까지 닿을 수 있지만, 십여 년 전만 하더라도 금성면 안암에서 청풍

강 구곡벼랑을 끼고 돌아서 도화리 뱃머리를 지나 두, 세 시간 가량 걸려야 갈 수 있는 곳이었다.

그렇지만 이렇듯 절이 자리한 위치가 아주 협소하고 험한 만큼 영험 있는 관음기도 도량으로 여겨지고 있다.

법당 후불탱화 중 관음보살상

❍ 성보문화재

현재 절에는 최근의 중건 불사로 법당을 비롯해서 칠성각 · 산신각 · 종각 및 요사인 유운당(留雲堂) · 석금실(石琴室) 등이 배치되어 있다.

그 밖에 근래에 조성한 석조관음보살입상 · 석조지장보살입상 · 마애지장보살입상 및 조선시대에 만든 지름 53cm, 높이 14cm의 맷돌이 있다.

❀ 법당

팔작지붕에 앞면 6칸, 옆면 2칸의 규모로서 암벽에 거의 붙여서 지었다. 정확한 건축연대는 알 수 없으나 지붕에 얹힌 기와의 명문을 통해 1838년에 중수된 것을 알 수 있다. 현재 요사를 겸한 인법당 형태로 되어 있다.

안에는 관음기도 도량답게 관음보살좌상을 주존으로 봉안했으며, 불화로는 후불탱화와 신중탱화가 있다.

법당마루 제석천룡탱화

후불탱화는 1928년에 금어 관하 종인(觀河宗仁)스님이 그린 것으로서 크기는 가로 155cm, 세로 123cm이다. 관하 종인 금어스님은 1901년(광무 5) 순천 선암사(仙巖寺)에서 조성한 약사여래도의 편수(片手)로 참여한 분이다.

신중탱화는 법당 마루에 걸려 있는데, 조성연도 및 금어 등은 후불탱화와 같으며, 크기는 가로 102cm, 세로 121cm이다.

외부 처마 밑에는 「정방사」 편액이 있는데, 석정(石丁) 안종원(安鍾元, 1874~1951)의 글씨다. 또한 4폭의 주련은 법당이 중수된 1825년 무렵의 작품으로 추정되지만 작자는 알 수 없다. 주련의 내용은 다음과 같다.

高無高天還返底　淡無淡水深還墨
僧居佛地少無慾　客入仙源老不悲

높음이 하늘보다 높은 것 없으나 도리어 밑으로 돌아가고
맑음이 물보다 맑은 것 없으나 깊음이 도리어 검다
스님은 불국정토에 있으니 별 욕심 없고
사람이 선원에 들어가니 늙음이 또한 슬프지 않더라

✿ 칠성각

맞배지붕에 앞면 3칸, 옆면 2칸의 건물로서 법당과 같은 시대에 지어진 건물로 추정된다.

안에는 불상은 없고 불화로서 칠성탱화·나한탱화·독성탱화, 그리고 높이 44cm, 너비 25cm의 위패 1점이 있다.

칠성탱화와 나한탱화는 모두 1900년(광무 4)에 조성되었는데 영운 봉수(永雲奉秀) 금어스님이 그린 것이다. 크기는 칠성탱화가 가로 143.5cm, 세로 107cm이며, 나한탱화는 가로 110cm, 세로 142cm이다.

독성탱화 역시 1900년에 조성되었으며, 금어는 혜원(慧元)스님이다. 혜원스님은 1903년(광무 7)에 조성한 예천 용문사(龍門寺) 산신도를 출초(出草)한 금어이기도 하다. 크기는 가로 114cm, 세로 143.5cm이다.

✿ 산신각

맞배지붕에 앞면과 옆면 각 1칸의 규모로서, 1988년에 석구스님이 새로 지었다.

안에는 1954년에 조성된 가로 141cm, 세로 124cm 크기의 산신탱화가 봉안되어 있다.

칠성각 나한도

❀ 유운당

요사겸 객사로 사용되는 유운당(留雲堂)은 팔작지붕에 앞면 3칸, 옆면 2 칸의 건물이다.

처마 아래에 「유운당」 편액이 있는데, 유운당은 1913년 무렵에는 석수당(石壽堂)으로 부르기도 했다.

기둥의 주련(柱聯)의 내용은 시(詩)이며, 글씨는 중국 송(宋)의 유명한 서화가인 미불(米芾)의 글씨를 복각(覆刻)한 것이다. 네 번째 주련 하단 왼쪽에는 '米芾'이라는 관지(款識)가 있다. 주련의 내용과 그 의역(意譯)은 다음과 같다.

山中何所有
嶺上多白雲
只可自怡悅
不堪持贈君

산중에 무엇이 있을까
고개 위에 머물러 있는 흰구름 같은 것
그러나 나 홀로 즐길 수 있을 뿐
님에게까지 바칠 수가 없구나

❀ 목조관음보살좌상 및 복장물

관음보살상은 목조로 조성되어 법당 주존불로 봉안되어 있는데, 몇해 전의 개금불사 때 오래된 복장물(腹藏物)이 나와 절의 역사를 밝히는 데 많은 도움을 주었다.

유운당 요사겸 객사로 사용된다. 기둥의 주련은 중국 송나라의 유명한 서화가인 미불의 글씨를 복각하여 그의 관지까지 남기고 있다.

관음상의 크기는 높이 60㎝, 어깨 너비 30㎝이다.

복장물로는 관음상 봉안시의 발원문을 비롯해서『대불정수능엄신주(大佛頂首楞嚴神呪)』와 범어로 된 다라니경이 있었다. 그러나 발견 당시 이 지본(紙本)들이 순서없이 구겨진 채로 있었던 데다가, 다른 복장물이 없던 것으로 보아서 나머지 복장물은 이미 도난된 것으로 추정되었다.

『대불정수능엄신주』는 몇해 전 제천시 한수면 월광사지(月光寺址)에서 발견된 남한 지역에서는 하나밖에 없는 대불정수다라니석비와 똑같은 범자(梵字)로 쓰여진 것이 주목된다. 목판본으로서, 크기는 20×40㎝이다. '대불정수'는 곧 부처님 정수리인 만큼 신통력이 아주 크다는 것을 뜻한다. '능엄신주'는 불가에서 이를 외우거나 베껴쓰기를 많이 하면 큰 영험이 있다 하여, 예로부터 많이 해오는 기도의 한 방법이다.

발원문은 1688년(숙종 15)에 작성된 것인데, 바로 이 해에 관음보살좌상을 봉안한 것으로 추정된다.

⊛ 국화무늬 동경

정방사의 옛 산신각 옆 암벽 사이에서 1994년에 고려시대 백동경(白銅鏡)이 하나 발견되었다. 동경은 주로 고분에서 여러 가지 생활용품과 함께 출토되는 게 보통인데, 고분이 아닌 사찰 있는 곳의 바위 틈에서 다른 유물 없이 하나만 발견된 것이 흥미롭다.

크기는 지름 11.3cm로 자그마한데, 소국(小菊) 무늬가 빽빽이 빈틈없이 채워져 있는 틈새로 새 두 마리가 마주보며 날고 있는 구도를 하고 있다. 이 같은 양식은 고려시대 동경 가운데 거의 비슷한 것이 있어 이 동경 역시 고려시대 작품으로 생각된다.

정방사 가람배치도

사자빈신사지

☯ 위치와 연혁

사자빈신사지(獅子頻迅寺址)는 제천시 한수면 송계리 1002번지에 있는 고려시대의 절터이다.

사자빈신사는 일명 빈신사라고도 하는데, 절의 연혁에 대한 기록은 거의 전하지 않는다. 지금 절터에 남아 있는 유적과 유물 가운데 석탑이 고려시

사자빈신사지 석탑 사자상과 비로자나불상

석탑

기단부와 탑신부로 이루
어진 석탑은 상층기단
갑석에는 부연이 있고
상면은 네모 형태의 연
꽃이 조각된 고려석탑
특유의 양식을 지니고
있다. 보물 제94호.

대인 1022년(현종 13) 세워진 것이고, 그 밖에 조선 초기 이후로 추정되는
유물이 없는 것으로 보아서는 고려 말에서 조선 초기 사이에 폐사된 것으
로 생각된다.

◐ 성보문화재

❀ 사자빈신사지 석탑

전형석탑의 양식에서 벗어난 이형(異形)석탑으로서, 기단부에 기둥 대신
네 마리의 사자를 배치한 것이 가장 특이한 의장(意匠)이다. 현재 보물 제

94호로 지정되어 있다.

　석탑의 구성은 기단부와 탑신부로 이루어져 있다. 방형의 하대(下臺)는 상부에 두꺼운 테를 둘러서 부연(副椽)을 삼았고, 그 밑에 각면 3구씩의 안상(眼象)을 조각했다. 안상은 가장자리 선이 길게 연장되었으며 안상 내에 큼직한 꽃모양이 솟아 있는데, 이것은 고려시대 특유의 안상 표현 수법이다. 지대석 상면에는 낮은 괴임이 있어 하층기단의 면석(面石)을 받았고, 각 면석에는 우주가 표시되었다. 그 위에 있는 상층기단은 앞서 말했듯이 이 석탑에서 가장 특색있는 부분이다. 네 모서리에 사자를 각 한 마리씩 배치해서 그 위의 갑석(甲石)을 받치고 있고, 그 사이 가운데에 비로자나불좌상을 안치했다. 이 같은 이형 양식은 전라남도 구례 화엄사 사사자석탑에서 처음 찾아볼 수 있는데, 사자빈신사지 석탑은 화엄사 탑에 대한 모방작으로 보여진다. 네 마리 사자가 받들고 있는 상층기단의 갑석 밑에는 부연이 있고, 상면에는 네모 형태의 16판(瓣) 연꽃이 조각되어 탑신부를 받게

석탑 명문　탑 하층기단 중석에는 79자에 달하는 글씨가 새겨져 있다. 절의 이름과 건립연대 등이 기록되어 있다.

했는데 이것 역시 고려시대 석탑 특유의 양식이다.

탑신부는 본래 9층으로 조성되었으나 현재 5층까지 남아 있고 옥개석은 4층까지 남아 있는데, 초층 옥신(屋身)은 크지만 이층부터는 급격히 줄어들어 있다. 옥개받침은 3단씩이며, 추녀는 낙수면의 기울기가 완만하다.

이 탑 하층기단 중석(中石)에는 79자에 달하는 글씨가 새겨져 있어 매우 중요하다. 이 명문에는 이 절이 빈신사로서 1022년 4월에 9층으로 탑을 세웠다는 등의 내용이 기록되어 있다. 탑의 양식이 특이할 뿐만 아니라, 건립 연대가 확실하므로 다른 석탑의 연대를 추정하는 데 있어 기준작이 된다는 점에서 중요한 자료이다.

탑의 전체 높이는 425cm, 상층기단 위에 봉안된 비로자나불좌상의 높이는 63cm이다.

Ⅱ. 충주시

충주시

경기도

강원도

원주시

문막 문막IC 흥업리 금대리

신림IC

여주군

청안리 법천리 신림리

운남리 (19)

(38)

청룡사 평동리

양 성 면 소 태 면 백운암 신흥사

오량리 엄 정 면

산 척 면

용포리 용산리 송강리 영덕리

노 은 면 가 금 면 하담리 하영리

연하리 (19)

봉학사

신효리 금 가 면

숭선사지 탑평리 조동리 동 량 면

탑평리사지 충 주 시

신 니 면 주 덕 읍

원평리사지 용원리 충 주 호

주덕 태소리

이 류 면 충주

음성 대원사

(36) 단호사 창룡사

음 성 군 정심사 살 미 면

세성리 복평리

용천리

월악산
▲
1094

목도리 송계리

수리리 방곡리 (3)

상 모 면

온천리

괴산 괴 산 군

오성리 오가리

미륵사지

광덕리 도정리

경 상 북 도

행촌리 문 경 시

조령산
▲
1016

문경

0   5   10km

충주시의 역사와 문화

충주시(忠州市)는 충청북도 동북부에 위치하며 동쪽은 제천시, 서쪽은 음성군, 남쪽은 괴산군과 경상북도 문경시, 북쪽은 강원도 원주시와 경기도 여주군에 접한다. 1995년 1월 1일 중원군(中原郡)과 통합되었으며, 1997년 12월말 현재 인구는 21만 7,683명, 행정구역은 1읍 12면 12동으로 이루어져 있다.

자연환경은 서북쪽의 차령산맥과 동남쪽의 소백산맥으로 둘러싸인 분지 안에 자리잡고 있다. 주위로 문수봉(文繡峰, 1,162m)·포암산(布巖山, 962m)·월악산(月嶽山, 1093m)·대미산(大眉山, 700m)·대림산(大林山, 489m) 등 비교적 높은 산지가 이어져 있고, 원주 치악산에서 뻗어 나온 오갑산(梧甲山, 609m)·국망산(國望山, 770m)·원통산(怨慟山, 645m) 등이 경기도와의 경계선을 이룬다. 그 밖에 시에는 천등산(天登山, 807m)·지등산(地登山, 667m)·인등산(人登山, 667m)·보련산(寶蓮山, 765m)·적보산(積寶山, 699m) 등 높은 산이 많다.

이곳에는 주거지를 비롯한 신석기시대의 유적과 유물이 가금면 탑평리, 금가면 월상리, 동량면 용교리 등 여러 곳에서 나오고 있다. 삼한시대에는 마한에 속했고, 삼국시대에는 처음 백제의 영토였으나 장수왕 때 고구려에 편입된 것으로 추정된다. 그것은 이 곳에 세워진 중원고구려비가 475년(장수왕 63)에 건립된 것으로 보아 그렇다. 그 뒤 553년 진흥왕이 충주·청주 일대를 신라의 영토로 확장할 때 신라의 영역이 되었으며, 이름도 완장성

(薍長城)에서 국원성(國原城)으로 바뀌었다. 557년 전략상 요충지인데다 수운(水運)이 편리하므로 소경(小京)이 되었고, 742년(경덕왕 1)에는 중원경(中原京)으로 개칭되었다.

고려는 940년(태조 23), 지금처럼 충주로 바꾸고 12목(牧) 가운데 하나로 삼았다. 1056년(문종 10) 충주군을 분할해 익안현(益安縣)을 설치했다가, 1253년(고종 40) 김윤후(金允侯)가 이끄는 의승군이 몽고병의 침입을 물리친 공로가 인정되어 1254년 국원경(國原京)으로 승격되었다. 1277년(충렬왕 3)에는 충주성을 개축했는데, 초석에 아름다운 연꽃무늬를 조각했다 해서 예성(藥城)으로도 불렀으며, 그 밖에 태원(太原)이라는 별칭도 있었다.

조선에 들어서는 몇 차례 현(縣)으로 강등되다 다시 목(牧)으로 승격되었으나, 충주라는 이름은 유지되었다. 특히 고려말부터의 역대 실록(實錄)을 보관하는 4대 사고(史庫)가 개천사(開天寺)에 있었으나 임진왜란 때 불타 없어졌다. 1895년(고종 32) 행정구역 개편으로 충주가 도청소재지가 되어 관찰사가 배치되면서 충청도의 중심 지역이 되었다. 그러나 교통불편을 이유로 1908년 도청이 청주로 이전되고, 충주는 군청소재지가 되었다.

근대에서는 1931년 충주면이 읍으로 승격되었다가, 1956년 충주읍이 충주시로 승격되었으며, 1985년 충주다목적댐의 건설로 군의 일부가 물에 잠겼다. 최근에는 1995년 1월 1일 중원군과 통합되었다.

충주 지역의 주요 불교문화재로는 탑평리칠층석탑(국보 제6호) · 충주철불좌상(국보 제98호) · 충주미륵리석불입상(보물 제96호) · 단호사철불좌상(보물 제512호) · 청룡사사자석등(보물 제656호) · 충주미륵리삼층석탑(유형문화재 제33호) · 원평미륵리석불(유형문화재 제18호) · 충주미륵리석등(유형문화재 제19호) · 백운암철불좌상(유형문화재 제21호) · 충주창동마애불(유형문화재 제76호) · 마애불상군(유형문화재 제131호) · 오갑사지석불좌상(유형문화재 제144호) 등이 있다.

단호사

● 위치와 연혁

단호사(丹湖寺)는 충주시 단월동 455번지에 자리한 한국불교태고종 사찰이다. 서쪽으로는 달천과 인접해 있으며 맞은 편으로는 충렬사(忠烈祠)가 위치해 있다.

절의 창건에 대해서는 확실하지 않지만 조선 숙종(1675~1720) 때 창건

단호사   충주시내 평지에 자리한 절은 단아하면서도 잘 정돈된 모습이 도시적인 모습의 주위 환경과 잘 어울린다.

되고 훗날 약사(藥寺)라 개명하였다고 현판에 기록되어 있다. 그러나 약사전의 주존불인 보물 제512호 철불좌상을 보면 조선시대가 아니라 고려시대인 11세기 무렵에 창건된 것이 아닌가 추정되기도 한다.

☯ 성보문화재

약사전과 칠성각 · 요사 등의 건물이 있다.

약사전은 3칸의 맞배집으로서, 안에는 주존불로 철불좌상이 봉안되어 있으며, 왼쪽으로 대세지보살과 지장보살이, 오른쪽에는 관세음보살이 봉안되어 있다.

칠성각은 앞면과 옆면 각 1칸의 맞배집이고, 요사는 8칸의 목조기와집이다.

현재 법당을 28평 규모의 석 · 목조 혼축 기둥의 다포집으로 조성할 계획으로 불사가 한창 진행중에 있다.

✿ 단호사철불좌상

약사전의 주존불로서, 본래 이곳이 원위치였는지에 대해서는 알 수가 없다. 머리는 나발에 육계가 있으며 이마에 새로 만들어 끼운 백호가 있다. 목에는 삼도 표현이 되어 있으며 상호는 근엄한 인상을 풍긴다.

법의는 통견이고 유려한 곡선을 이루면서 양 어깨위로 넘겨져 뒷면에도 조식(彫飾) 되었으며, 결가부좌한 양 무릎에도 의문(衣紋)이 표현되어 있다. 그러나 지금의 수인(手印)은 본래의 것이 아니어서 의문이 남는다.

부근에 있는 보물 제98호 충주철불좌상과 같이 부처님의 인자한 미소가 사라지고 단정한 모습만을 보이는 것은 시대적 변화의 일면으로 볼 수 있으며, 지역적 특수성을 연구하는 데도 소중한 자료가 될 것이다. 주존불의 협시보살로는 왼쪽에 대세지보살과 지장보살이, 오른쪽에는 관세음보살이 모셔져 있는데 모두 석고로 제작되었다.

❀ 후불탱화

후불탱화는 나이론포(布) 바탕의 채색화로 길이와 폭은 각각 184㎝, 180㎝이다. 이 외의 탱화로는 1960년에 제작된 산신탱화를 비롯해서 신중탱화·칠성탱화가 있다.

약사전 철불좌상. 보물 제512호

❀ 삼층석탑

약사전 앞뜰에 위치해 있는 화강암재 석탑으로서, 충청북도 유형문화재 제69호로 지정되어 있다.

이 석탑은 초층 탑신에 우주(隅柱)를 새겼으나 서북쪽 우주는 다소 결손되어 다른 석재와 시멘트로 보강하였다. 초층 옥개석은 아래에 2단의 받침, 위에 방형의 1단 탑신괴임이 새겨졌다. 옥개석의 추녀 아래는 낙수홈이 파

여져 있다.

2·3층의 탑신 및 옥개석은 초층과 유사하나 2층 옥개석의 층급받침만이 3단으로 되어 있다. 노반(露盤)은 방형으로서, 윗면 중앙에는 원형의 찰주공(擦柱孔)이 있다.

우주 및 탱주(撑柱)의 모각(模刻) 수법, 옥개석의 낙수면(落水面) 등으로 보아 건립 시기는 고려 중기 이후로 추정된다.

경내의 소나무 아래에 있는 고려 중기의 석탑

❀ 소나무

경내에는 보호수로 지정된 수령 500여 년 정도의 소나무가 있는데, 높이는 8.5m이며 나무둘레는 2.1m이다.

이 소나무에는 오래된 전설이 있다. 그 일화가 '하단마을 자랑비'라는 비문에 적혀 있는데, 내용을 요약하면 다음과 같다.

이 나무는 조선 초기에 심어졌다. 어느 때인가 분명하지는 않지만, 강원도에서 문약국을 운영하던 어떤 사람이 슬하에 자식이 없어 고민을 하고 있었다. 그러던 어느 날 한 노인에게서, "충주의 단호사에서 불공을 드리면 득남할 수 있다."라는 이야기를 들었다. 그래서 홀로 이곳으로 와서 불당을

보호수 보호수로 지정된 소나무로 수령이 약 500년 정도 되었다고 한다. 높이가 8.5m, 나무둘레는 2.1m이다.

짓고 불공을 드리던 차에 적적해 뜰에 나무를 심고 정성스럽게 가꾸었다.

불공을 드리던 어느 날 밤 고향에 돌아가 집 마당에 한 그루의 소나무를 심고 안방에 부처를 모셔 놓은 꿈을 꾸었는데, 같은 날 강원도에 있는 부인의 꿈에는 단호사 법당이 자기집 안방으로 바뀌어 보였다는 것이다.

그 부인은 같이 살라는 암시로 여겨 집을 정리하여 이곳에 와서 법당 옆에 살게 되었다. 그 후 태기가 있어 득남을 하게 되었다. 이로부터 많은 이들이 찾아 와서 기원하고 소원성취하는 사람이 많았다고 한다.

⊛ 미륵불상 · 부도비 · 공덕비

약사전 북쪽 뒷뜰에 시멘트로 만든 미륵불입상이 봉안되어 있다. 높이는 6m 가량으로 1973년에 조성되었다.

이 외에도 전 주지 김보근(金普根)스님의 부도비가 세워져 있으며, 부도비 뒷편으로는 2기의 공덕비가 세워져 있다.

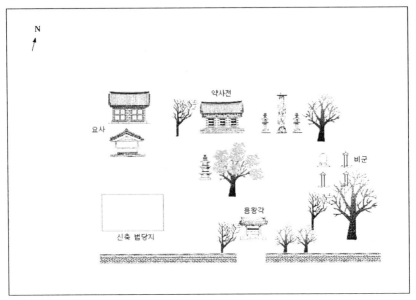

단호사 가람배치도

대원사

☯ 위치와 연혁

대원사(大圓寺)는 충주시 지현동 587-2번지에 자리한 대한불교조계종 제5교구 법주사의 말사이다.

절의 창건은 1929년 2월에 김추월 선사가 지역사람들의 협조를 얻어 불교 포교당을 운영하다가, 같은 해 9월에 법당을 지어 오늘에 이른다.

대원사　1929년 김추월 선사에 의해 포교당으로 운영되어 오다가 현재의 모습을 갖추었다. 최근 무량수전이 새로 지어졌다.

1994년에 화재로 대웅전 일부와 철불좌상을 봉안한 보호각이 소실되었으나, 그 뒤 지금의 극락전을 새로 지었다.

절 뒤쪽으로는 나즈막한 용산(龍山) 줄기가 뻗어 있으나 비교적 시내 중심가에 위치해 있어 포교 활동이 활발하고, 현재 경내에서 대원유치원을 함께 운영하고 있다.

● 성보문화재

현재 절에는 극락전 · 무량수전 · 요사 2동과 어린이집 및 부속채 등의 건물이 있다.

⊛ 무량수전

팔작지붕에 앞면 5칸, 옆면 4칸의 건물로서 최근 새로 지은 전각이다.

안에는 아미타불좌상을 중심으로 좌우에 관음보살입상과 지장보살입상이 있다. 관음보살입상은 42수 32응신상으로 조성되었다. 그 밖에 작은 여래상이 천불(千佛) 있으며, 신중탱화와 동종도 있다.

⊛ 충주철불좌상

고려시대의 대표적 철불좌상 가운데 하나로서, 보물 제96호로 지정되어 있다. 이 철불좌상은 양식상 단호사철불좌상과 같은 계열에 속하는데, 단호사 불상보다는 엄격미가 강조된 점에서 이 불상의 특징을 찾아 볼 수 있다.

날카롭고 뾰족한 나발(螺髮), 사각형의 얼굴에 각진 입, 코와 함께 굵고도 길게 묘사된 큼직한 눈 등에서 근엄하면서도 괴이한 인상을 강하게 보

여 주고 있다. 또한 당당
한 상체와 넓게 결가부좌
(結跏趺坐)한 하체 등 이
불상의 체구는 팽팽하면
서도 과장된 표현을 하고
있다. 통견(通肩)을 한
불의(佛衣)는 좌우대칭
을 지키면서 기하학적 옷
주름선을 규칙적으로 표
현하여 엄격성을 강조하
고 있다.

이 충주철불좌상은 이
처럼 기하학적이면서 엄
격한 특징을 잘 나타내고
있는 매우 특색있는 지방

충주철불좌상

적 철불로서, 고려 초기 곧 11세기에 조성된 것으로 추정된다.

본래 이 철불은 현 충주공고(구 충주공업전문대학교) 옆 노천에 방치되
었던 것을 구 중원군청 자리, 곧 지금의 관아공원으로 잠시 옮겨 보관되다
가 1959년에 대원사로 이전된 것이다. 그러나 대원사로 옮겨져서도 별도의
전각 없이 대웅전 앞 오른쪽 담장 옆에 안치되어 있다가, 1982년에 중원문
화권 개발사업의 하나로 충주시의 보조를 받아 대웅전 오른쪽에 단칸의 보
호각을 짓고 봉안하게 되었다.

그 뒤 1994년 6월 누전으로 인한 화재로 보호각은 소실되고 철불상도 일
부 손상을 입었다. 문화재관리국에서 보존처리한 후 충주시립박물관으로
잠시 이전되었고, 1998년 6월 절에 극락전을 새로 지은 후 이곳으로 다시
옮겨 봉안하였다.

❀ 충주철불좌상에 얽힌 이야기

이 철불좌상은 충주시 성남동 마하사 앞뜰에 있었다. 1770년(영조 46) 무렵에 지은 「약전원수기」를 보면, 633년에 절을 창건한 후 높이 3척 2촌 5 푼의 철조석가좌상을 조성하여, 염해평 서쪽, 곧 충주공고와 성남초등학교 부지 일대로서 충주 시내의 중심부에서 마즈막재로 향하는 안림로의 오른쪽 길가에, 서쪽을 향하게 봉안하고 그 뒤로 수백 년을 내려왔다고 한다.

전해오는 말에 의하면, 그간 불상이 노천에 방치된 것을 유감으로 생각하여 누군가가 건물을 짓고 봉안하면 당우가 소실되거나, 또는 향화(香火)로 공축하면 반드시 악병이 유행하므로 이 철불의 명칭을 광불(狂佛)이라고 불렀다 한다. 그래서 본래는 완전했던 두 손을 무뢰배가 부숴 버렸다고 한다.

그러다가 1922년에 옛 중원군청, 곧 지금의 관아공원 구내의 석가산으로 옮겼고, 다시 1937년 마하사로 옮겼다가 1959년에 지금의 대원사로 다시 옮겨져 봉안되었다. 이같은 내용은 1959년 중원군 교육청에서 발간한 『예성춘추』에 실려 있다.

위에서 나온 지명인 염해평은 '염밭' 또는 '염바다' 라고도 한다. 그 지명에 관련해서는 다음과 같은 내용을 담은 기록이 『예성춘추』와 『중원향토기』(1977년)에 나와 있어 소개해 본다.

예로부터 현 성남동 마하사 앞뜰에 철불이 서향해서 앉아 있었으므로 지금까지 이곳을 '광불거리' 라고 한다. 곧 계족산(鷄足山) 아래의 어림리 앞과 금봉산(남산) 서쪽의 넓은 들을 말한다.

전설에 의하면 삼한시대부터 어림리에 고도(古都)가 있었다고 한다. 통일신라 때인 930년(경순왕 4)에 견훤(甄萱)은 이곳에 후백제의 도읍을 정하려 했는데, 지렁이의 후신인 견훤은 이 일대가 염바다라 하므로 질겁을 하고 전라남도 광주 지역에 도읍을 정하게 되었다고 한다.

위와 같은 기록 또는 전해 오는 전설을 근거로 해서 본다면, 염해평은 지금의 충주공고 북쪽의 들판이다. 이곳에 철불이 오랫동안 방치되어 있었으므로 광불거리로 불렀다. 염해평에서 동쪽으로 약 700m 떨어진 곳에 대원고등학교가 위치해 있으며, 위의 인용문에서 나온 어림리는 대원고와 약 200여 미터 떨어져 있다. 어림리는 이궁지(離宮址)·대궐터 등으로 부르기도 하는데, 이곳에 절이 있었다 하여 어림동사지로 칭하기도 한다.

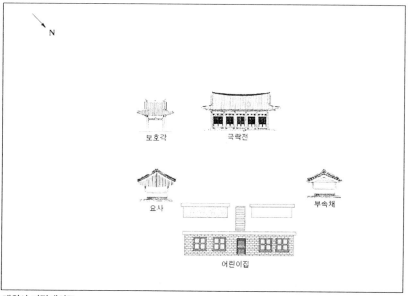

대원사 가람배치도

백운암

◉ 위치와 창건

백운암(白雲庵)은 충주시 엄정면 괴동리 223번지 백운산(白雲山, 352m) 아래 위치한 대한불교조계종 제5교구 본사 법주사의 말사이다. 충주 시내 중심에서 북쪽으로 약 23km 남짓 되는 곳에 자리한다. 백운산은 이곳에서는 '빌미산'이라고도 부른다.

백운암 절은 조선시대 후기에 무당의 신분으로 진령군이라는 작호를 받아 대감이 된 윤씨에 의해 창건되었다고 한다.

절은 조선시대 후기인 1886년(고종 23)에 무당의 신분으로서 진령군(眞靈君)이라는 작호를 받아 여자 대감이 된 윤(尹)씨에 의하여 창건되었다고 한다.

법당과 요사를 함께 사용했던 것을 1977년에 요사를 두어 법당과 요사가 분리되었으며, 1991년에는 삼성각을 짓고 요사를 수리했다.

백운암 철불좌상

◑ 창건설화

절의 창건과 관련된 설화를 소개하면 다음와 같다.

1882년 6월에 왕비인 민중전이 세력을 잡은 후로 친일(親日)하는 것을 대원군과 그 일파인 수구파들이 마땅치 않게 여기던 중, 임오군란이 일어나 민중전은 궁녀복으로 변장하여 급히 대궐을 벗어날 수 있었다. 처음에는 서울 화계동 윤태준의 집에서 은신하다가, 사태가 위급해지자 전 임천군수 이근영의 경기도 광주집을 거쳐 민영위의 본가인 여주로, 그리고 다시 장호원의 민응식 집으로까지 가게 되었다.

그래도 신변이 불안하게 느껴진 민중전은 충주 노은에 있는 국망산(國望山) 아래로 피신하게 된다. 이 때 파평 윤씨계의 한 무당이 서울 소식을 초

삼성각 칠성도 　1991년에 지어진 건물 내부에는 칠성도, 독성도, 산신도 등이 모셔져 있다. 칠성
도는 1888년 서희 스님 등이 그렸다.

조하게 기다리는 민중전에게 나타나 곧 서울에서 좋은 소식이 있어 환궁할
것이라 예언하였다. 민중전은 이 반가운 말을 듣고 뒷산에 올라 서울 나라
님인 고종의 소식을 간절히 기다렸다고 하는데, 이런 연유로 국망봉(國望
峰)이란 산 이름이 유래하게 되었다고 한다.

　결국 무당 윤씨의 예언대로 본궁에 환도하게 되자 민중전은 윤씨를 서울
로 불러 칭송을 하며 '진령군' 작호와 함께 여대감의 벼슬을 내리게 되었
다. 이때 민중전이 윤씨의 소원을 들어주겠다고 약속을 하였다.

　고향으로 내려온 진령군은 어느 날 꿈을 꾸었는데, 부처님이 나타나 내가
살 집을 지어달라고 하였다. 꿈에 나타난 부처님은 억정사(億政寺) 절터에
방치되어 있는 철불이었다고 한다. 진령군은 즉시 상경하여 민중전에게 절
지을 소원을 말하고 내탕금을 받게 되어 지금의 백운암을 창건하게 되었다
고 한다.

● 성보문화재

현재 절에는 극락전 · 삼성각 · 요사 등의 건물이 있다.

❀ 법당

아미타불을 모셨으므로 극락전으로 볼 수 있다. 처음에는 앞면 3칸, 옆면 1.5칸의 목조 팔작집의 인법당으로 지었다. 그러나 기와가 깨지고 누수가 심해 국가와 지방자치단체의 지원을 받아 앞면 6칸, 옆면 3칸으로 보수했다.

안에는 철불좌상과 관음 · 세지보살상의 삼존상과 아미타후불탱화 · 신중탱화 · 지장탱화 및 동종이 있다. 탱화는 전부 근래에 조성되었다.

❀ 백운암철불좌상

법당의 주존불로서 고려시대 작품으로 추정되며, 현재 충청북도 유형문화재 제21호로 지정되어 있다.

양식을 보면, 머리에 큼직한 육계가 나발 사이에 있고 이마에는 백호가 있다. 상호는 원만한 편이며 입가에 엷은 미소를 머금고 있다. 목에 삼도가 표현되어 있으며 불의(佛衣)는 우견편단인데 얇게 표현되어 가슴과 몸체의 윤곽이 잘 나타나 있다. 무릎은 결가부좌한 모습이며 손모양은 항마촉지인이다. 다소 큰 두 무릎이 불상의 안정감을 더해 주고 있다.

전면에 도금을 하여 철불로서의 가치가 다소 떨어진 면은 있으나, 충주권에 있는 3기의 철불 중 가장 아름다운 철불이라는 평가를 받는다.

이 철불좌상은 단호사 및 대원사의 철불좌상과 함께 이 지방의 유수한 철불좌상이다. 그러나 단호사철불좌상과는 달리 단아하면서 의젓한 불좌상으로서 갸름하면서도 미려한 얼굴, 결가부좌로 앉아 있는 단정한 체구, 알

맞게 늘씬한 상체에 아담한 어깨와 발달된 가슴 등 고려시대의 단아한 철불상의 특징을 잘 보여주고 있다.

❀ 삼성각

극락전 서쪽, 법당보다 약간 높은 위치에 자리한다. 1991년에 지은 건물로서 맞배지붕에 앞면 3칸, 옆면 2칸의 규모이다.

안에는 1888년(고종 25)에 조성된 칠성도·독성도·산신도가 있다.

칠성도는 화면 중앙에 칠성여래가 앉아 있으며, 그 앞에 십대왕상이 서 있고, 여래불 좌우로 보살과 성중(聲衆)이 열지어 있다. 크기는 길이 156㎝, 너비 114. 5㎝이다. 서휘(瑞輝) 금어스님 등이 조성했는데, 본래는 보현암(普賢庵) 칠성각에 봉안된 것이다.

독성도는 백발 노인인 독성이 홀로 앉아 있는 그림으로서 크기는 길이 60.5㎝, 너비 77㎝이다.

산신도는 백발 노인이 큰 호랑이를 뒤에 두고 있는 그림으로서 시자(侍者)는 없다. 크기는 길이 68㎝, 너비 90㎝이다.

❀ 범종·반자

범종은 동제(銅製)로서 소리가 맑고 종뉴(鍾鈕)는 9개가 배치되어 있다. 크기는 높이 52

삼성각 독성도

cm, 지름 29cm이다.

반자(飯子)는 동철제(銅鐵製)로서 직경 44cm이며, 명문이 남아 있다. 현재 절에서 따로 보관하고 있는데, 1935년에 조성한 것으로 추정된다.

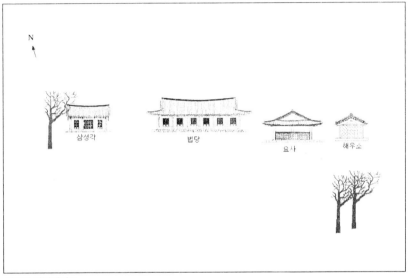

백운암 가람배치도

봉학사

◐ 위치와 연혁

　봉학사(鳳鶴寺)는 충주시 가금면 장천리 산73번지 장미산(薔薇山) 중턱에 자리 잡은 한국불교태고종 사찰이다. 절은 지금으로부터 약 200여 년 전부터 사찰이 경영되었다고 전해진다. 현 주지인 유정(幽靜)스님의 구전에 따라 절의 연혁을 정리해보면 다음과 같다.

봉학사　처음 절의 이름은 봉서암이었으나, 이곳의 지형이 마치 학과 같다 하여 두 이름을 따서 봉학사라 고쳐 불렀다.

봉학사의 연혁

시 기	내 용
1885년 3월	비구니 임광세가 창건하고 봉서암(鳳捿菴)이라고 하였음.
1921년 6월	주지 임광세스님이 입적하고 제천의 백운사 주지로 있던 유인선스님이 옴.
1955년 10. 14	불교분쟁으로 유인선스님 대신에 비구승이 접수하여 수년 간 관리하였다가, 절 운영이 어려워져 향화(香火)를 계속 잇지 못했음.
미상	유인선스님이 재차 관리하다가 배해월 → 배용운 → 배영환의 세 스님이 향화를 이어 왔음.
1974년	명담 오길수스님이 인수하여 장연사(長蓮寺)로 개칭하고 법당과 요사, 종각을 개축하여 사찰을 일신하였음.
1986년	선혜 이도현스님이 절을 맡아서 운영하고, 마을(장미산)에서 사찰까지 진입도로를 마련하였으며 전화도 가설하는 등 불사와 향화를 이어옴.
1988. 4. 20.	현 주지 유정스님이 부임하여 전통사찰로 등록.
1991년	장연사를 지금의 봉학사로 개칭함.
1993년 3월	대웅전 중창, 삼존불상을 청동불로 봉안함.
1995. 8. 24	산신각을 지음.

봉학사로 절 이름을 바꾼 연유는 처음의 절 이름인 '봉서암(鳳捿菴)'의 '鳳'자와, 이 곳의 지형이 마치 학(鶴)과 같이 생겼다 하여 '鶴'을 따서 '봉학사'라 지었다고 한다.

대웅전　토벽와집인 옛 법당을 허물고 1993년 새로 지었다. 내부에는 석가여래와 관세음·대세지보살을 모셨다.

성보문화재

현재 절에는 대웅전을 중심으로 해서 그 좌우로 크고 작은 요사 2채가 있다. 큰 요사 뒷편으로는 산신각이 있고 법당 앞으로는 종각이 배치되었다.

큰 요사는 1975년, 작은 요사는 1985년에 명담 오길수스님이 건립한 것이며, 종각과 그 안에 있는 범종은 1984년에 조성되었다.

대웅전

9평 규모의 토벽와집인 기존의 법당을 허물고, 1993년에 시멘트 골조에 뒷면 기와집으로 15평 규모의 건물을 지었다.

안에는 청동제 석가여래불을 주존불로 하고 관세음보살과 대세지보살을 협시로 봉안했다.

탱화는 후불탱화 · 신중탱화 · 칠성탱화 · 산신탱화가 각각 봉안되어 있는데 1994년 10월 3일 서울에서 제작하여 봉안한 것이다.

❀ 산신각

특수 조경(造景)된 굴법당으로서, 23평의 규모이다. 석조로 된 여산신(女山神)과 동자 · 동녀가 각 1점씩 배치되어 있다. 여산신은 호랑이의 호위를 받고 있는 좌상으로 1995년 8월 24일 대구에서 제작된 것이며, 여산신 뒤에는 산신탱화 1점이 봉안되어 있다.

한편 여산신상의 무릎 위에는 책이 올려져 있는데, 책이 펴진 곳에 다음과 같은 글씨가 보인다.

산신각 내부 마치 커다란 암반처럼 꾸민 법당의 내부에는 석조로 된 여산신과 동자 · 동녀가 모셔져 있다.

대산소산 산왕대신 외악명산 산왕대신

대각소각 산왕대신 명산토산 산왕대신

미산대처 산왕대신 대악소악 산왕대신

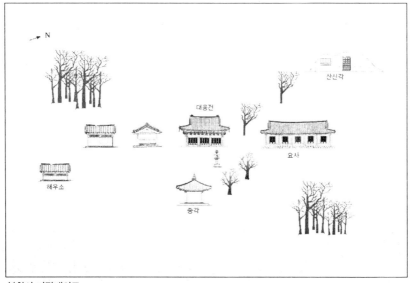

봉학사 가람배치도

신흥사

● 위치와 창건

신흥사(新興寺)는 충주시 엄정면 신만리 산3번지 장병산(長屏山, 408m) 8부 능선 벼랑에 의지하고 있는 해동종 사찰이다. 충주에서 북쪽으로 약 22km 정도 거리에 있다.

절의 창건에 대해서는 별도의 문헌 기록이 없으므로 사찰 입구에 있는 창

신흥사　 인근에 살던 오영근이라는 사람이 장병산에 올랐다가 석간수를 발견하고 기도처로 삼아 불상을 마련한 것이 절의 창건이 되었다.

건 100주년 기념비와 1982년 충청북도에서 펴낸 『사지(寺誌)』를 참고 할 수 있다.

여기에 따르면, 절은 오영근(吳永根)에 의해 1890년(고종 27)에 창건되었으며, 이후 1905년 이영월스님이 와서 움막을 지었고, 이어서 1924년 무렵에 초옥 삼칸을 짓고 신흥사라 이름하였다 한다. 1975년에는 기존 건물을 걷어내고 법당을 새로 지었으며, 이듬해 삼성각과 종각을 건립했다.

최근에는 절이 번창하여 요사를 2층의 조립식 건물로 짓고, 절 입구까지 콘크리트 포장 도로를 개설했다. 창건 직후에는 대한불교천태종이었으나 1981년에 한국불교법화종으로, 그리고 다시 1998년에 해동종으로 등록했다.

◑ 창건설화

1890년 어느 날 인근 마을(엄정면 신만리 독자골)에 거주하는 오영근(吳永根)이 약초를 캐러 장병산에 올랐다가 석간수를 발견하고 그곳에서 축원을 드리게 되었다. 그런데 이 물을 마시면 한 가지 소원을 이루고, 또한 마을 사람들 가운데 이곳에서 기도를 하고 득남하는 이들이 생기므로 영험있는 영천(靈泉)으로 소문이 났다. 그러자 오영근은 이곳을 기도처로 삼아 초가 2칸을 마련하고 불상을 안치했는데, 바로 이것이 신흥사의 창건이다.

오영근이 죽은 후 충청남도 예산에서 온 승려 이영월(李泳月)이 경내 관리를 맡아 하던 중인 1905년 무렵 어느 날, 꿈에 신선(혹은 白衣鐵佛)이 나타나, "이 절의 창건주인 오참봉이 처음 은신했던 굴 바닥을 파 보아라." 라는 말을 했다고 한다. 스님은 대수롭지 않게 생각했는데, 그로부터 3일 동안 연이어, "좋은 일이 있을 것이니 파 보아라." 하는 꿈을 꾸었다고 한다.

그러자 스님도 이상하게 생각하여 석굴 바닥을 파 보니 종(鍾) 한 점이 나왔다. 이에 경찰서에 신고를 했고, 당시 조선총독부의 감정 결과 금으로

대웅보전　　이영월 스님이 금동제 종을 발견하고 받은 보상금의 일부로 지어진 건물은 수차례의 보수를 거쳐 지금에 이른다.

만든 종으로 판명되어 총독부로부터 받은 보상금 중에 주지에게 얼마의 돈이 전달되었다. 그 돈으로 함석집으로 인법당 3칸을 고쳐 짓고 요사를 별도로 마련했다고 한다.

◐ 성보문화재

현재 절에는 대웅보전을 비롯해서 삼성각 · 용신각 · 종각 · 요사 및 부속채 등이 있다.

❀ 대웅보전

팔작지붕에 앞면 3칸, 옆면 2칸의 규모로서, 2대 주지 이영월스님이 금동제 종을 발견하고 조선총독부에 신고해서 받은 보상금의 일부로 1924년 지은 것을 수차에 걸쳐 고쳐 지어 지금에 이른다.

안에는 최근에 조성된 불상·불화가 봉안되어 있다.

전각 중앙에 있는 불단에 아미타삼존상이 봉안된 것을 비롯해서, 불단 좌우로 석가불좌상과 지장보살좌상이 있다.

석가불좌상은 아미타삼존상이 있는 불단 오른쪽에 있는데, 석가불좌상 주위로 16나한상이 둘러 서 있다. 16나한상은 이 가운데 현재 채색된 4체가 이곳에서 출토된 것이다.

불단 왼쪽에는 지장보살좌상이 배치되어 있다.

불화로는 아미타삼존상 뒤로 극락후불탱화가 있고, 석가불좌상 뒤에는 영산후불탱화가, 그리고 지장보살좌상 뒤에는 지장탱화가 있다. 그 밖에 11면관음탱화도 있다.

⽊ 석조나한상

대웅보전 내의 석가불좌상 둘레로 16나한상이 있다. 그 가운데 4체는 대리석으로 조성한 석조상으로서 높이가 51㎝이며, 나머지 12체는 석고제로서 근래에 제작한 것이다. 전부 머리에 두건을 쓰고 손을 앞으로 모으고 있으나 자세는 모두 다르다.

이들 나한상 가운데 4체의 석조나한상은 예로부터 이 절에서 전승된 것이며 지금의 보존상태도 양호한 편이나 몇년 전에 물감도색이 되어 원색은 알 수가 없다. 절에서 전하는 말에 의하면 본래 파불된 나한 11체가 경내에 방치되어 있었으나 시간이 가면서 하나 둘 없어져 지금은 4체만 남은 것이라고 한다.

한편 1980년 이 절을 조사한 당시의 기록에 의하면 대웅보전 북쪽 암벽에 2체의 석조나한상이 있었는데, 머리 부분은 결실되었으며 대리석재로써 앞면 조각은 섬세하고 법의는 통견이며 결가부좌한 모습이라고 되어 있다.

대웅보전 석조나한상　법당에 모셔진 16나한상 중 4체의 나한상은 본래부터 절에서 전래되어 오던 것이라 한다. 전부 머리에 두건을 쓰고 있다.

⊛ 신흥사터

신흥사 아랫마을에는 예전에 고찰이 번창했던 절터임을 입증하는 큰 팔각원당형 사리탑 부재가 있었다. 이 부재는 1995년에 분실을 막기 위하여 충주시립박물관(중원향토민속자료전시관)으로 이전 보호되고 있다.

또한 1905년 무렵에는 석굴에서 금으로 만들어진 종이 발굴된 바 있음은 앞에서도 밝혔으며, 그 밖에도 1920년 무렵에는 운판(雲板), 1970년 무렵에는 고려청자 1점이 발견된 적이 있다.

그리고 대웅전 내에는 16나한상을 별도로 모시고 있는데, 그 가운데 4체의 나한상이 본래부터 이곳에 전래되어 오던 것이라 한다. 이 나한상은 고려시대에 조성된 것으로 보인다. 또한 16나한상 중 하나가 엄정면 목계리 부흥사 경내에 있는 것으로 확인 조사되었다.

결국 지금의 신흥사 아래 사리탑 부도재가 있는 자리에는 예전에 신흥사

보다 더 큰 사찰이 경영되었으며, 현재의 신흥사 자리에는 나한도량이 암자로 존재했었음을 추정케 한다.

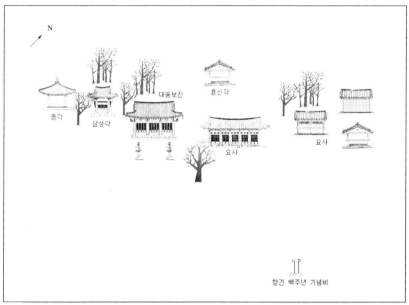

신흥사 가람배치도

정심사

🌓 위치와 연혁

정심사(靜深寺)는 충주시 단월동 산51번지 대림산(大林山) 중턱의 기슭에 위치한 한국불교태고종 사찰이다. 절은 협곡을 끼고 있는 곳에 자리하고 있으며 앞에는 달천강이 유유히 흐르고 있다.

절의 창건연대는 미상이다. 고려 말에는 월은사(月隱寺), 조선시대에는

정심사　월은사에서 호암사, 그리고 개운사에서 지금의 정심사로 사찰명이 여러 번 바뀌었다.

달암사(達岩寺) 또는 호암사(虎岩寺)로 불렸다. 일제강점기에 다시 절 이름이 바뀌어 개운사(開雲寺)가 되었다가 지금은 정심사로 개명되었다. 이처럼 정심사는 그 동안 개명이 여러 번 있었으니 사찰의 역사도 꽤나 복잡했을 것으로 보인다.

또한 『신증동국여지승람(新增東國輿地勝覽)』에는 영곡사(靈鵠寺, 또는 永國寺)로 기록되어 있는데, 그 책 중에 조선 초기의 문인 정지상(鄭知常)이 쓴, '천 길이나 높은 바위에 천 년 넘은 옛 절이 있으니, 앞에는 강물에 임하였고 뒤로는 산에 의지하였도다 …' 라는 「영곡사시(靈鵠寺詩)」가 있다. 따라서 이 절의 창건은 조선 초기로부터 1,000여 년 전으로 볼 수 있다. 그리고 위에서 인용한 정지상의 시 구절을 통해서도 절의 지리적 여건을 짐작할 수 있다.

시의 전문은 다음과 같다.

영곡사시(靈鵠寺詩)

千仞巖頭千古寺
前臨江水後依山
上磨星斗屋三角
半出虛空樓一間

천 길이나 높은 바위에 천 년 넘은 옛 절이 있으니,
앞에는 강물에 임하였고 뒤로는 산에 의지하였도다.
집의 세모 난 지붕은 높아서 북두칠성에 부딪칠 것 같으며,
누의 한 칸은 반쯤 허공에 솟아 있구나.

☯ 성보문화재

절 아래에 있는 삼초대를 오르면 왼쪽편 산허리에 산신각이 먼저 눈에 들어온다. 산신각은 3평의 규모로 팔작지붕이며 지금까지 세 번에 걸쳐 중수한 바 있다고 한다.

경내에 들어서면 대웅보전이 우뚝 자리하고 있는데, 팔작지붕으로 앞면 3칸, 옆면 2칸의 규모이다. 16평의 규모로서 1978년에 중수했다. 주존불로는 석가모니불이 모셔져 있으며, 약사여래와 보현보살이 양쪽에 협시하고 있다. 대웅보전 왼쪽으로는 미륵불상이 세워져 있는데 기단면에는 동제(銅製)의 사천왕상 4체가 돌려져 있다.

극락보전 약간 위쪽으로는 범종각이 있다. 팔작지붕으로서, 2층에 3평 규모인데 1982년도에 지었다.

범종각 앞으로는 정심사 오층석탑이 있고, 건립공덕비와 대공덕주비(大功德主碑)가 양 옆으로 세워져 있다.

범종각 옆으로는 명부전(冥府殿)이 있다. 팔작지붕에 앞면 3칸, 옆면 2칸의 규모로서 1988년에 중수되었고, 현재 단청은 되어 있지 않다.

절입구 왼쪽 산허리에 우뚝 올라선 산신각

그 밖에 요사도 여러 번의 중
수를 거쳤으며 현재는 2동에
35평의 규모를 갖추고 있다.

미륵불입상

● 절에 얽힌 전설

⊛ 정심사와 범

오층석탑 뒤편으로 조그마
한 동굴형 입구가 보이고, 그
바로 앞에 석불좌상이 안치되
어 있다. 이 석굴에 얽힌 전설
이 있어 소개한다.

언제인가 호랑이 어미가 새끼 두 마리를 낳아 두 마리를 동굴 속에 두었
다고 한다. 그런데 얼마 지나지 않아서 두 마리가 사라졌다고 한다. 나중에
알아본즉 한 마리는 굴속을 통하여 단양으로 나왔고 또 한 마리는 제천으
로 나왔다고 하는데, 이 전설이 예전에 「전설의 고향」이라는 텔레비전 프로
에 드라마화되었다고 한다.

그런데 이 사실이 지금의 정심사하고 어떤 역사적 관련이 있는지는 현재
로서는 알 수 없다.

⊛ 대림산 정심사의 삼초대 유래

조선시대의 유명한 장군인 임경업은 1594년(선조 27) 11월 2일 이곳 충
주 대림산 기슭에서 출생했다. 어려서부터 학문과 무예에 뛰어났는데, 삼

초대는 임장군이 소년시절 학문과 무술을 연마하던 곳으로서 3단계의 석축을 직접 쌓아 오르내리며 심신을 단련하던 곳이라고 한다.

현재도 3단계 석축이 남아 있으며, 이곳 삼초대 앞 달천강 건너 제일 높은 봉우리 아래 장군의 무덤이 한눈에 보인다. 또한 삼초대 위 사찰에서 500여 미터 떨어진 곳에 충렬사(忠烈祠) 사당이 있는데, 이곳에 장군의 유상(遺像)을 봉안하고 있으며 유품도 함께 전시되어 있다.

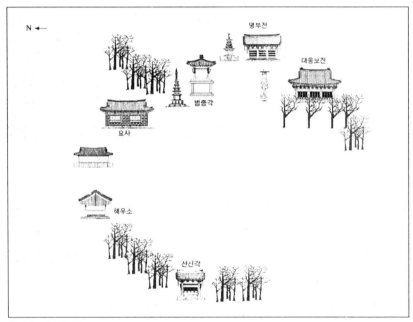

정심사 가람배치도

창룡사

⊙ 위치와 연혁

　창룡사(蒼龍寺)는 충주시 직동 336번지에 자리한 대한불교조계종 제5교구 법주사의 말사이다. 남산(금봉산)의 산 중턱 언저리 기슭에 위치해 있으며, 신라 문무왕 때 원효대사가 이 터를 택하여 창건한 고찰이다. 절의 위치로 보아 이곳이 지형적으로도 명소임을 알 수 있다. 이후 공민왕 때 나옹화

창룡사　원효대사가 창건하고 나옹화상과 서산대사가 중건하였다. 금봉산 중턱에 자리하고 있다.

극락보전 1993년 당시 대웅전과 칠성각을 해체하고 현재의 건물로 새로 중건하였다. 아미타부처님을 주존으로 모시고 있다.

상이 중수하였고 조선 선조 때에는 서산대사가 중건하였다고 한다.

절의 역사는 「창룡사관음상연기문(蒼龍寺觀音像緣起文)」(1730년), 「충청북도충주군남변면금봉산창룡사중건후불준병기(忠淸北道忠州郡南邊面錦鳳山蒼龍寺重建後佛準竝記)」(1913년), 「창룡사성불봉안기(蒼龍寺聖佛奉安記)」(1939년) 등의 기문(記文)을 통해 살펴볼 수 있다. 이 가운데 「창룡사관음상연기문」은 1975년 봄에 관음보살상의 개금(改金) 때 복장(腹藏)에서 나온 연기문이다.

위의 기록 등을 통해 연혁을 살펴보면, 1729년 절에서 시주를 모아 이듬해 관음상을 봉안했다. 당시 대웅전·요사 등의 건물이 제법 컸다고 한다. 그러나 1870년(고종 7)에는 당시 목사(牧使)인 조병로(趙秉老)가 지금의 세무서 자리에 관아의 수비청(守備廳) 건립을 위하여 법당을 헐어 버리므로, 절의 규모는 형편없이 줄어들고 다만 요사 한 채에 불상 하나로 사찰의 명목을 유지했다. 그 전까지만 하더라도 봉안된 불상도 여럿 있었으나 충주 시내의 절에서 전부 이운해 가 창룡사에는 전각도 불상도 거의 없게 되었다. 그러다가 1905년 청신녀 박씨의 원력으로 법당을 세워 신도 수가 늘어나자 선응해 · 도관(道觀) · 도경 · 각능 · 각원스님 등이 머물면서 거듭 가람을 가꾸어 왔다. 1938년에 새로운 불상 1체를 봉안했다.

최근에는 1993년에 당시 주지 정도(靜道)스님이 과거의 대웅전을 해체하고 현재의 극락보전으로 새로 중건하였으며, 이 때 칠성각도 철거했다.

◑ 창룡사 유래에 관한 전설

절에는 창건과 관련해서 원효대사에 얽힌 다음과 같은 전설이 전한다.

창룡사는 금봉산 중턱에 자리잡은 고찰이다. 신라 문무왕 당시 원효대사가 충주 고을을 지나던 중 한 객주에 머물 때 꿈을 꾸었다. 꿈 속에 푸른 용이 여의주를 물고 날아가는 것을 보고 하염없이 쫓아 가니 목이 매우 탔다.

원효대사는 주위를 두리번거리다가 아름다운 처녀를 보았는데, 그녀가 표주박에 물을 떠 주면서, "이곳이 참 좋지요?" 하고 물었다. 그런데 물맛이 꿀과 같았다.

그리고는 곧 꿈을 깨었는데, 원효는 그것이 바로 관음보살의 현몽(現夢)인 줄 알고 신기하게 여겨 꿈에 본 그곳을 찾아 나섰다. 드디어 지금의 절터에 이르러서는 꿈 속에서 본 그곳과 일치함에 절을 지어 아미타부처님을 모시고 창룡사라 하였다.

◑ 성보문화재

현재 절에는 극락보전 · 산신각 · 요사 등의 건물이 있다.

극락보전 목조관음보살상
복장에서 「창룡사관음상연기문」이 나와 1730년에 조성했음을 알 수 있다. 원만한 상호를 지닌 보살상으로, 아미타불의 좌협시로 봉안되었다.

❀ 극락보전

1993년에 대웅전을 해체하여 지은 것으로 앞면 3칸 반, 옆면 3칸 규모의 팔작지붕 다포집이다.

극락보전 앞면 지붕 아래는 행서체에 가까운 「극락보전」 현판 글씨가 걸려 있는데, 한쪽 끝에 '완당(阮堂)' 이란 낙관과 도서(圖署)가 있다. '완당'은 추사 김정희(金正喜)의 호인데, 아마 김정희 글씨를 복각(覆刻)해 놓은 듯하다.

주존불은 아미타불로서 관음보살과 대세지보살이 협시하는 삼존상이다. 수년 전만 하더라도 지금의 극락보전 전신인 대웅전에는 관음상만 있었다.

지금 절에서 전하는 이야기로는 일본인들이 그네들의 종교생활을 위하여 창룡사에 있던 철불을 대원사로 옮겼다고도 하는데 그 진위는 알 수 없다. 주존불 위로는 닫집이 마련되어 있으며 단청은 되어 있지 않다.

❀ 산신각

전에는 칠성각이 있었으나 1993년에 해체하고 맞배지붕의 산신각을 지었다.

규모는 앞면 2칸, 옆면 1칸으로서 극락보전 위쪽으로 약간 떨어진 위치에 지었다.

안에는 좌우로 근래에 조성한 독성도·산신도가 있다.

❀ 목조관음보살상

극락보전 아미타삼존의 좌협시 보살상으로 봉안되어 있다. 1975년의 개금 당시 복장에서 「창룡사관음상연기문」이 나와 1730년(영조 6)에 조성했었음을 알 수 있다. 조선시대 후기의 제작연대가 확실한 작품이라 조각사 연구에 귀중한 자료가 된다.

양식을 보면, 머리에 보관(寶冠)을 쓰고 있는데 보관에 꽃무늬가 둥글게 배치되었으며 관음조(觀音鳥), 곧 청조(靑鳥) 두 마리가 좌우 양쪽에서 앞쪽의 꽃을 향해 날아가는 모습을 하고 있다. 이마에는 백호가 있고 입가에 옅은 미소가 있다. 귀는 길고 크며 목에는 삼도(三道)가 잘 표현되어 있다. 그래서 상호는 전체적으로 볼 때 풍만한 원만상(圓滿相)이다.

청석탑

불의(佛衣)는 통견(通肩)이고, 오른손을 무릎 위에 놓았으며 왼손은 손바닥을 보이게 들고 있다. 군의(裙衣)의 띠가 가슴 밑으로 내려와 있으며, 결가부좌한 양쪽 무릎에도 옷주름이 새겨져 있다.

크기는 높이 98cm, 어깨 너비 47cm이다.

✿ 청석탑

청석탑(靑石塔)은 옥개석만 9층으로 쌓아 올려진 모습이며 기단부는 화강암석재로 받치고 있다. 현재 탑의 높이는 97cm이고 옥개석 중앙에는 구멍이 뚫려 있는데, 이것은 찰주(擦柱) 구멍으로 보인다.

옥개석 2층까지는 앙화(仰花)가 각인(刻印)된 모습이며 상륜부의 복발(覆鉢)을 의식한 듯 화강암 석재의 복발이 인위적으로 올려져 있다.

옥개석은 일부 결실된 부분이 많이 드러나 있어 확실하지는 않지만 아마

도 4단 받침인 것으로 보인다. 탑 둘레에 탑부재로 보이는 화강암이 보이고
있으나 현재로서는 확실한 것을 알 수 없다.

❀ 범종

 높이는 63cm, 지름은 약 38cm 가량으로서 '창룡사 주지 이유환(蒼龍寺主
持 李宥煥)'·'동경시 매전제(東京市 梅田製)' 등의 글씨가 새겨져 있다.
일제강점기 때 일본 도쿄에서 만든 제품을 수입한 것으로 보인다.

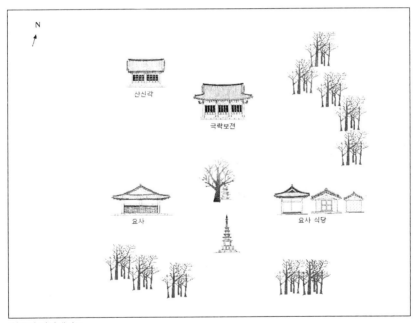

창룡사 가람배치도

청룡사

☯ 위치와 연혁

청룡사(青龍寺)는 충주시 소태면 오량동 561-1번지 청계산(清溪山, 398m) 기슭에 있는 한국불교법화종 사찰이다. 충주 중심부에서 북방으로 약 28km 정도 떨어져 있다.

청룡사는 고려시대에 번창했던 절로서 조선시대까지 향화(香火)를 이어

청룡사   고려시대에 번창했었지만 근대에 들어 폐사되었다가, 1921년 옛터의 북쪽에 전각을 짓고 법등을 이었다.

왔지만 근대에 들어서서 폐사되고 터만 남아 있다. 언제 폐사되었는지는 정확한 기록이 남아 있지 않아 알 수 없다.

기존의 청룡사 절터에는 유물들이 국보·보물·지방 유형문화재 등으로 지정되어 여러 점 남아 있고, 지금의 청룡사는 그 터 아래에 1921년 중건한 것이다.

청룡사의 창건은 고려시대에 이름이 알려지지 않는 한 도승(道僧)에 의해 이루어졌다고 한다. 절 뒤쪽의 청룡사지에 남아 있는 「보각국사비」에 의하면 창건이후 보각국사(普覺國師) 환암 혼수(幻庵混修, 1320~1392)스님이 이곳에서 지내다 입적했는데, 태조 임금이 스님을 기리는 뜻에서 절을 중건했다.

그 뒤의 연혁은 자세하지 않은데, 조선시대에 근방에서 큰 절로 손꼽혔으며 1665년(현종 6)에 절의 중수가 있었다. 그러나 19세기 말에 당시 판서로 있던 민대룡(閔大龍)이 묘를 쓰기 위해 절을 폐사시켰다고 한다(이 글 「청룡사에 얽힌 전설 참고」).

1921년 혜종(惠宗)스님이 폐허로 남은 옛 터의 북쪽에 있던 암자 자리에 전각을 짓고 법등을 이었다.

근대에 와서는 1959년에 중수되었으며, 1996년에는 현 주지 현우스님이 대지 640평에 59평의 요사를 건립하였다. 지금은 다포식 한식 건물의 법당이 설계 공사 중에 있다.

● 청룡사에 얽힌 전설

㉛ 청룡사의 폐사에 얽힌 전설

청룡사가 자리한 청계산은 예로부터 명산으로 꼽혀 왔는데, 이 산 기슭에 불사를 일으키자 많은 신도가 모여 들어 불도를 닦아왔다고 한다(「청룡사

보각국사정혜원융탑
상대석 신장상

지」참고).

그러나 지금은 폐사되어 터만 남아 있는데 폐사된 연유에 대한 다음과 같은 전설이 구전되고 있다.

조선 말기 민씨들이 세도를 부릴 때 당시 판서로 있던 민대룡(閔大龍)이 소실(少室)의 묘를 쓰려고 머슴을 시켜 이 절에 불을 지르게 하여 소실되었다고 한다. 당시 불을 지른 머슴은 인다락 고개를 넘어 가다가 고개에서 피를 토하고 죽었다고 한다.

그 뒤 민대감 집에서는 소실의 묘를 절터 윗편에다 썼는데 그 후손들이 산소를 찾아 묘역을 돌보면 해를 입어 지금까지도 벌초를 제대로 하지 못한다고 한다.

민대감 후손들은 지금 서울에 살고 있는데, 이곳에 와서 절도 하지 못하고 먼 발치로 산소만 바라보고 지금의 청룡사에 참배하고는 올라가고, 묘에 잡초가 무성해지면 절의 주지가 풀을 베어 준다고 한다.

⊛ 청룡사 영천수의 영험

청룡사에는 우물이 있는데 이 우물은 아무리 가물어도 물이 줄지 않고 비가 많이 와도 늘지를 않아 영천수(靈泉水)로 불린다.

하루는 현 주지스님이 절의 터를 다듬고 공양을 드릴 때였다. 공양주가 주지스님을 불러서 다가가 보니 바가지가 우물 속으로 들어 갔는데, 가운데의 수면에 계란의 노른자 같은 것이 흐트러지지 않고 있었다. 그러더니 이튿날 바가지가 물위로 다시 솟아 오르고 계란 노른자 같은 것은 사라졌다고 한다.

그리고 소화불량이나 피부에 이상이 있는 사람들이 이 우물의 물을 먹고 목욕을 하면 소화가 잘 되고 피부가 깨끗해진다고 한다. 한 가지 특이한 일은 이 물이 다른 물과 같다고 하는 사람도 있고 자작나무나 사과냄새가 난다고 하는 사람들도 있는데, 냄새가 난다고 한 사람들은 효험을 보지 못한다고 한다. 지금도 서울과 강원도 근방에서 이 영천수를 찾아 오는 사람들이 줄을 잇는다.

☯ 성보문화재

현재 절에는 2층으로 된 법당 겸 요사와 삼성각이 있다. 법당 건물은 기와지붕에 시멘트 벽으로 되었다.

☯ 주요인물

청룡사는 고려시대에 창건되었으나 절이 본격적으로 발전한 것은 보각국사 환암 혼수스님이 이곳에 머물다 입적한 이후이다. 조선 태조의 각별한 믿음을 받았던 혼수스님이 입적하자 태조는 스님을 기리기 위해 절을 중창하도록 명하는데, 이로써 절은 당대의 명찰이 되었다.

청룡사 터에는 현재 보각국사탑 및 보각국사비, 석등이 있어 스님의 행적을 전하고 있다(「성보문화재」 참고). 이곳에서는 비문의 내용과 그 밖의 기록을 중심으로 스님의 행적을 간략히 정리했다.

❀ 환암 혼수

환암 혼수(幻庵混修, 1320~1392)스님은 경기도 풍양현(豊壤縣), 곧 지금의 광주군 사람으로 성은 조(趙)씨, 법명은 혼수(混修)이고 자(字)는 무작(無作)이다.

고려시대 후기인 1320년(충숙왕 7)에 출생하여 1331년(충혜왕 1)에 출가하고 대선사 계송(繼松)의 문하로 들어 갔다. 그 뒤 학문에 몰두하여 내외의 경전을 두루 섭렵함으로써 그 이름을 세상에 널리 알렸다. 1341년(충혜왕 복위 2)에는 승려들의 과거시험인 선과(禪科)에 응시하여 장원인 상상과(上上科)에 올랐는데, 그 뒤 여러 곳을 찾아다니며 공부하다가 강화도 선원사(禪源寺)에서 『능엄경(楞嚴經)』을 공부했다.

또한 오대산 신성암(神聖庵)에 있을 때는 마침 부근의 고운암(孤雲庵)에 머물던 나옹 혜근(懶翁惠勤)스님을 찾아가 공부하고 그 법을 이어 받았다. 그 뒤 서운사(瑞雲寺)에 주석하면서 선회(禪會)를 베풀었다.

이렇게 점차 나라에 그 이름을 떨치던 스님은, 1370년(공민왕 19)에 이르러 왕이 광명사(廣明寺)에서 선교(禪敎) 양종의 훌륭한 스님들을 널리 모아 스스로의 공부한 바를 밝히는 공부선(功夫選)을 열었을 때, 여기에 참가하여 이 대회를 주관하던 나옹 혜근으로부터 가장 뛰어나다는 인정을 받기도 하였다. 이에 왕이 스님을 중용하려 하자 물러나와 봉황산에 은거했으나, 뒷날 다시 왕명을 받고 불호사(佛護寺)에 머물렀으며 1374년에도 왕의 청으로 궁전에 있는 내불당(內佛堂)에서 법요를 설했다. 우왕(禑王) 초에는 순천 송광사의 주지가 되었고, 1383년(우왕 9)에 국사가 되어 개성으로 부름을 받아 '정변지웅존자(正遍智雄尊者)'의 호를 받았다.

이어서 공양왕이 즉위해서는 치악산으로 내려갔으나 곧 다시 국사로 봉해졌으며, 조선 태조 이성계의 돈독한 귀의를 받았다. 후에 청룡사로 내려가 은거했다. 1392년에 입적하자 태조가 보각국사 시호를 내리고 사리탑 및 탑비를 세우게 했다.

스님은 앞서 보았듯이 나옹 혜근에게 공부했으나, 『해동불조원류(海東佛祖源流)』·「원증국사탑명(圓證國師塔銘)」 등에는 태고 보우(太古普愚)의 문하로 기록되어 있기도 하므로 그

보각국사비

두 분의 법을 다 이은 것이라 할 수 있다. 스님은 문장과 글씨에도 능했는데, 스님의 글은 『환암어록』 2권으로 모아졌다. 제자로는 구곡 각운(龜谷覺雲)·경관(慶觀)·담원(湛圓)·소안(紹安)·천봉 만우(千峰萬雨) 등이 있다.

◑ 성보문화재

현재 절에는 요사로 겸용하는 법당과 삼성각 등의 건물이 있다.

✿ 법당

안에는 약사여래상을 중심으로 좌우에 일광보살·월광보살상이 협시하는 약사삼존상과 근래에 조성한 신중탱화·감로탱화, 그리고 법고와 동종

이 있다.

이 가운데 약사여래상은 목조불인데 조선시대 작품이다. 언제부터 이 절에 모셔졌는지는 알 수 없으며, 높이는 420cm이다.

✿ 삼성각

법당의 서북쪽에 위치해 있으며 3.5평 규모로서 팔작지붕에 앞면 2칸, 옆면 1칸의 규모이다.

삼성각은 그 건축 구성이 다소 특이하다. 건물 뒷쪽의 벽면을 자연 암벽 그대로 이용했는데, 곧 건물 자체가 자연 암반과 합하여 절반만 지어진 형식이다. 그리고 암벽에는 칠성상·산신상·독성상을 마애불상 형식으로 조성했다.

삼성각 내부

◐ 청룡사지

현 청룡사에서 200m 정도 남쪽 아래에 고려시대부터 번창했던 청룡사 절터가 지금은 2,000여 평의 밭으로 변해 있다. 그러나 옛날의 영화를 보여주듯 이 절터의 서북쪽에는 당시의 불교문화재가 여러 점 보존되어 있다.

청룡사에서 절터를 향해 오솔길을 오르다 보면 개천이 합류되는 지점에 위전비(位田

보각국사정혜원융탑

팔각원당형 구조의 탑에는
운룡문과 사자상, 그리고
신장상 등이 정교하게 새
겨져 있다. 국보 제197호.

碑)가 있다. 그곳에서 윗쪽으로 약간 더 올라가면 부도밭을 만난다. 그리고
부도밭에 이어서 보각국사 정혜원융탑과 석등 및 보각국사비가 있다.

⊗ 보각국사정혜원융탑

　보각국사정혜원융탑(普覺國師定慧圓融塔)은 청룡사지 북쪽 계곡에 위
치해 있는데, 탑을 중심으로 뒤에는 탑비가, 앞에는 배례석(拜禮石)과 석등
이 있다.

　이 탑은 팔각원당형으로서 전체적 구조는 지대석 위에 하대석 · 중대석 ·

보각국사정혜원융탑 앞 사자석등

상대석을 얹고 그 위에 팔각 탑신과 옥개석을 갖추었다.

민무늬의 팔각형 지대석 위에 놓인 역시 팔각의 하대석은 각형(角形) 2단의 받침 위에 연화(蓮花) 16판(瓣)이 새겨져 있고, 판내(瓣內)에 삼산형(三山形) 화판(花瓣)이 조각되어 있으며, 하대석 위에는 1단의 괴임이 있다.

중대석은 엔타시스형으로서 팔면에 장방형 안상(眼象)이 마련되었으며, 그 안상에는 구름 위에 용이 노니는 운룡문(雲龍紋)과 사자상(獅子像)이 교대로 4면씩 배치되어 있다.

상대석은 1단의 각형 받침 위에 16엽의 앙련(仰蓮)이 새겨졌으며 그 상단에 탑신 괴임 없이 팔각의 홈을 파서 탑신을 안정시켰다. 팔각 탑신의 합각(合角) 부분에는 원주(圓柱)가 표현된 우주(隅柱)가 있는데, 각 우주마다 용무늬가 새겨졌다. 또한 각 면마다 장방형 안상이 마련되었으며 안상 내에 신장상이 정교하게 양각되어 있다.

그리고 원주 위에는 창방(昌枋) 등 목조 가구(架構)의 각부가 표현되어 있다. 옥개석의 낙수면은 경사가 급하게 되어 있으나 기와 골은 없으며, 합각마루에 용머리를 조각하였다. 추녀와 사래를 양각하였고, 16엽의 단엽연화문과 꼭대기면에 8엽의 단엽화문을 돌려 보주(寶珠) 괴임을 마련해 놓았다.

이 탑은 일제강점기에 무너져 방치되었던 것을 구 중원군(中原郡)에서

1977년에 복원하여 국보 제197호로 지정받은 우수한 탑이다. 조선시대 초 1393년(태조 2)에 세워졌으며 탑의 총높이는 263cm이다.

❀ 보각국사정혜원융탑 앞 사자석등

석등(石燈)의 지대석은 163×97cm의 장방형 1매석으로, 상면 중앙에 하대석의 사자상을 놓을 수 있도록 깊이 1.5cm 가량 홈을 파놓았다. 사자상의 하대석과 네모진 중대석 및 상대석은 모두 한 돌로 조성되어 있다.

하대석은 한 마리의 사자가 앉은 모습이다. 중대석은 무늬가 없고 상대석은 8엽의 가는 앙련이 양각된 상부에 각형 2단으로 구성되었다. 옆면 모두 무늬가 없으며 불을 놓는 화사석(火舍石)의 괴임은 없다. 화사석의 평면은 사각이며 불빛이 비추어 나오는 화창(火窓)은 남북 양면에 25×29.3cm 규모로 뚫려 있다.

옥개석은 상면이 둥그스름하고 중앙이 볼록하게 나온 형태이며, 기와골 없이 합각 마루만 표현되어 조선 전기까지의 일반적 옥개석 양식과는 조금 다른 모습이다.

상륜부는 없어졌으며 현 높이는 203cm이다. 이 석등은 그 부재들이 지금의 청룡사 뜰에 있었던 것을 1977년 원위치에 복원하면서 보물 제658호로 지정되었다.

❀ 보각국사비

이 보각국사비(普覺國師碑)는 조선을 건국한 태조 이성계의 스승인 보각국사가 1392년(태조 1) 73세의 나이로 청룡사에서 입적하자, 태조는 이를 애석히 여겨 청룡사를 중건한 후, 1394년에 국사인 희달(希達)에게 명하여 건립한 보각국사의 공적비로서, 비문의 내용은 당대의 유명한 문인인

청룡사 위전비

보각국사비가 있는
입구에 위치하고 있
다. 토지가 절에 소
속되기까지 여러 사
람의 노력이 있었음
을 밝히고 있다.

권근(權近)이 임금의 명을 받들어 지었다.

비의 맨 위 제액(題額)은 '보각국사지비(普覺國師之碑)'라 전서(篆書)
하고 그 바로 아래 오른쪽에 '유명조선국보각국사비명병서(有明朝鮮國普
覺國師碑銘幷書)'라는 제목을 두었으며 이어서 비문이 음각되어 있다.

이 비는 원위치에 그대로 남아 있는데, 상변의 양각이 귀접이 되었고 지
대석도 4변을 접은 간략한 형태로 뚜껑돌인 개석(蓋石)과 여러 장식을 생
략한 고려말 비의 형식을 보여주는 실례이다. 현재 보물 제659호로 지정되
어 있다.

❀ 청룡사 위전비

청룡사지 서쪽 도랑 가에 위치해 있는데, 귀부 등에 입석한 비로 머릿돌인 비관(碑冠)은 결실되었던 것을 1976년에 땅 속에서 발견하여 복원하였다.

비문의 내용은 이 부근의 토지가 청룡사에 귀속된 것으로서 절의 운영에 사용되며, 이 토지가 절에 소속되기까지 숭엄(崇嚴)스님 및 이현(梨玄)·현등(玄等)·극술(克述)스님 등 여러 사람들의 노력이 있었음을 밝히고 있다. 1692년(숙종 18)에 세워졌으며, 네 면에 글씨가 새겨져 있다.

크기는 높이 69㎝, 너비 23㎝, 귀부 높이 73㎝이다.

❀ 적운당 사리탑과 부도재

적운당(跡雲堂) 사리탑은 화강암으로 다듬어진 원당형 부도로서, 하대석은 1매로 3단 괴임을 했고 그 위에 마치 종을 밑으로 엎어 놓은 듯한 형태인 복종형(覆鍾形) 부도를 올려 놓았다. 상부는 보발(寶鉢) 모양으로 장식되었으며, 명문이 음각되어 있다.

　1900년대에 지각없는 사람들이 눕혀서 사리구와 부장품을 가지고 갔는데, 그 이후 쓰러진 부도를 복원했다.

　또한 적운당 부도 앞에 파손된 부도재가 있는데, 8각형 관석(冠石), 곧 머릿돌이다. 아마도 이 부근에 다른 부재가 있을 것으로 추측된다.

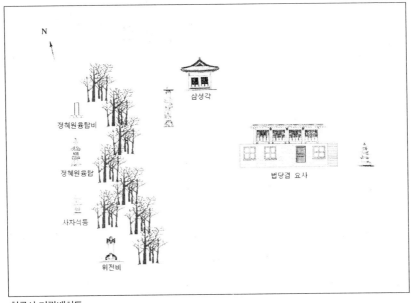

청룡사 가람배치도

미륵대원지

◐ 위치와 창건

충주에서 동남쪽으로 33㎞쯤 가면 작은 분지를 이루는 마을을 만나는데, 이곳이 미륵리이다. 미륵리라는 마을 이름은 바로 이곳에 미륵대원지(彌勒大院址), 혹은 그냥 '미륵뎅이'라고 부르는 보물 제96호 미륵석불입상이 있기 때문에 붙여졌다. 이곳 절터는 「미륵사지」라는 명칭으로 사적 제317호

미륵대원지 전경　삼국시대때 개척된 계립령을 넘어선 곳에 자리한 미륵리에는 과거 대찰의 면모를 갖추고 있는 미륵대원지가 있다.

건물지 초석
발굴을 통해 고려말
조선초에 절을 중창
한 흔적이 나타난다.

로 지정되어 있다.

　미륵대원지 찾아가는 길을 좀더 자세히 알아보면, 충주에서 동남쪽으로
국도를 따라 20㎞ 가량 가면 수안보 온천이 나오는데, 여기를 지나 수안보
에서 왼쪽으로 갈라지는 좁은 지방 도로를 따라 삼국시대 때 개척된 계립
령을 넘어서면 미륵대원지가 자리한 미륵리가 있다. 분지인 미륵리는 수안
보에서 약 10㎞쯤 되는 거리로서, 문경새재로 넘는 길에서 동쪽 계곡으로
접어들어 지릅재를 넘는 곳이기도 하다. 이곳에서는 멀리 한훤령(寒喧嶺)
이 마주 보인다.

　현재 이 절터에는 석불입상 등 고려시대 초기의 여러 유물이 남아 있는
데, 그것으로 사찰의 창건시기를 짐작할 수 있다. 그러나 이 절터 위에 법등
을 밝혔던 사찰의 구체적 연혁에 대해서는 거의 알 수가 없다. 발굴을 통해
발견한 명문와 중에 '미륵당' · '대원사(大院寺)' 등의 글씨가 확인되어 그
것으로 사찰 이름을 추정해 볼 수는 있으나, 다른 문헌 기록은 전혀 없기 때
문이다. 다만 명문와 가운데는 고려 중기인 1192년(명종 22)에 해당되는
연호가 새겨진 것이 있어 그 무렵에 사찰이 중건 또는 중수된 사실을 확인
할 수는 있다. 『고려사(高麗史)』에도 '충주 대원사'에 관한 기록이 있으므
로 대원사는 당시 손꼽는 규모의 사찰이었던 것으로도 생각된다.

1254년(고종 41) 몽고가 고려를 침입해 충주산성에 이어서 상주산성 등을 공격했었는데, 이 무렵에 절이 큰 피해를 입었을 것으로 추정된다. 그것은 충주에서 상주로 내려가기 위해서는 계립령을 넘어야만 했으므로 몽고군이 절을 지났을 가능성이 크기 때문이다.

발굴을 통해 고려 말 조선 초에 절을 중창한 흔적이 나타나며, 조선시대 초에도 대규모 중수가 있었음을 남아 있는 유적과 유물을 통해 알 수 있다. 그러나 1592년의 임진왜란으로 절은 다시 소실된 듯하다. 그 뒤 18세기 무렵에 중수되었다고 전하지만 1936년의 홍수로 인해 금당터 동쪽에 산사태가 나서 매몰되면서 절은 폐허가 되었다.

근래에 와서는 1950년 무렵 절 서쪽에 세계사(世界寺)라는 암자가 지어져 오늘에 이른다.

☯ 성보문화재

✿ 미륵사지

미륵사지는 통일신라 말기 또는 고려시대 전기에 이룩된 석굴사원으로 추정하는데 창건과 연혁 등에 대해서는 좀더 깊은 연구가 있어야 될 것으로 생각된다.

이 절터는 장방형 평면을 이루고 있는 약 4万㎡ 정도의 큰 규모로서, 1977년부터 청주대학교에서 1·2·4차, 그리고 이화여자대학교에서 3차 발굴 작업을 하여 옛날 절터의 모습을 한 주춧돌 등의 배치 상태를 알 수 있게 되었다. 그 결과 미륵리 사지는 1탑식 가람배치, 곧 불상·석등·석탑이 일직선상에 놓여 있는 방식인 것을 알 수 있다.

금당터는 남쪽 끝의 3면에 석축을 한 자리인데, 그 중앙에 북쪽을 바라보고 위치한 미륵석불 입상과 그 앞 북쪽을 향하여 일직선상에 오층석탑·석

미륵사지 동편 발굴지 발굴당시에 군마가 새겨진 기와, 인면와 등의 독특한 것과 미륵당초라고 새겨진 명문와 등이 발견되었다.

등 등이 배치되어 있다. 석굴은 반만 석축을 하였으며 그 이상은 목조로 지어 옥개부가 있었으며 석불 입상 앞으로는 전실(前室)이 있었음을 알 수 있다. 이 석굴은 한국 석굴 사원의 계보를 찾고 연구함에 있어서 절대적인 유적으로, 창건연대 등 많은 연구가 계속되어야 할 곳이다.

발굴 시에는 용두상·사자상과 청동귀면상·금동소탑 옥개석 및 각종 와당이 출토되었으며 특히 군마(群馬)가 그려진 기와, 호랑이가 노루를 쫓는 그림이 있는 인면와(人面瓦) 등 독특한 것이 다수 출토되어 많은 관심을 끌고 있다. 기와 가운데는 또한 평와(平瓦)에 '미륵당초(彌勒堂草)'라고 새긴 명문와가 발견되어 이곳을 미륵사지로 추정하게 되었다.

앞으로 절터 주위를 깨끗이 하는 정화사업이 끝나고 철저한 고증을 거쳐서 원형을 찾아 보존 관리한다면 한국 유수의 석굴 사원지가 될 듯하다.

지형적 원인이라 생각되지만 유례가 매우 드문 북향(北向)인 점도 주목된다. 부근에는 남북 교통의 요충지인 계립령(鷄立嶺)과 조령(鳥嶺)이 있어 이와 관련된 유적인 듯하다.

⊛ 미륵리석불입상

석굴 사원의 중심을 이루는 석불 입상으로서 높이 10.6m의 거대한 고려시대 초기의 미륵불이며, 보물 제96호로 지정되어 있다.

양식을 보면 보관까지 합하여 6개의 돌로 조각하여 세운 불상으로서 육계와 나발이 있고, 얼굴은 둥글다. 눈썹 역시 둥글어 직선적으로 감은 듯한 눈과 작은 입을 두텁게 표현하고 있다. 목은 굵고 3도를 약식(略式)으로 표현했으며, 어깨에서 발끝까지 같은 넓이로써 마치 판석을 이룬 듯 만들었다. 팔은 형체만 겨우 살렸으며 오른손은 가슴에서 펴고 있는 시무외인을 하고, 왼손은 연봉 혹은 약합(藥盒)인 듯한 것을 들고 있다.

이 불상은 고려시대 초기, 이 부근에서 다수 조성된 일련의 거불(巨佛)들과 양식적 특징을 같이하는 석불입상인 점이 주목된다.

한편 석등과 석탑 사이에서 미륵불 존안을 바라보면 볼수록 화사하고 자비로움을 느끼는데, 그에 대한 이곳 스님의 설명은 이렇다.

석굴사원에 장식된 석조상

"이 부처님을 뵈옵고 그 얼굴이 화사하고 자비롭고 웃는 듯이 느껴지면 당신의 마음이 착한 증거요, 부처님의 존안이 밉고 화사하지 않게 뵈이면 당신의 마음이 사악하다는 증거입니다."

전문학자들은 석불입상 뒤에 있는 석굴 석재는 퇴색되어 고태(古態)가 나는데 반해 이 석불입상은 위에서 말한 것처럼 화사한 데 대해, 석굴과 석불입상이 같은 시대에 조성된 것이 아니기 때문으로 추정하기도 한다.

미륵리오층석탑. 보물 제95호.

⊛ 미륵리오층석탑

석굴 사원의 주실(主室, 금당) 앞에는 석등이 있는데, 석굴과 일직선상에 있다. 높이 6m의 이 석탑은 자연석을 다듬어 지대석과 기단부를 조성했으며, 기단부의 내부를 파내어 4면의 벽석(壁石)을 만든 형태로 되었다.

기단의 중석(中石)에는 우주(隅柱)와 탱주(撑柱)가 모각(模刻)되어 있지 않고, 갑석(甲石)은 형식적 수법을 가미한 매우 좁은 두 장의 판석(板石)으로 덮여 있

다. 탑신부는 초층 옥개석이 두 장일 뿐 다른 옥개석은 한 장씩으로 되어 있고, 각층의 탑신석 역시 형식적으로 우주 모양을 모각하였을 뿐 별다른 특징이 없다. 옥개받침은 모두 5단으로 되어 있다.

상륜부(相輪部)에는 노반(露盤)과 복발(覆鉢)이 남아 있다. 노반은 지나치게 커서 탑신석으로 오해 받기 쉬우며, 복발은 장식이 없는 반구

미륵리석등. 충청북도유형문화재 제19호.

형(半球形)으로 정상에 철제 찰주(擦柱)만이 남아 있다.

조성연대는 고려시대로 추정된다. 전설에 의하면 미륵불과 함께 마의태자와 관계 있다고 하나 확실한 것은 알 수 없다. 보물 제95호로 지정되어 있다.

❀ 미륵리석등

미륵 사원의 주실 앞면에 있다. 높이 2.3m이며 지대석은 연화문을 조각한 사각이고, 그 외는 팔각을 갖춘 석등의 기본형을 이루고 있다. 고려시대

에 조성된 것으로서, 충청북도 유형문화재 제19호로 지정되어 있다.

지대석(地臺石)과 하대석은 한 돌로 조성되었는데, 하대석에는 여덟 잎의 복련(覆蓮)이 새겨져 있으며 8각의 간주석(竿柱石)은 알맞은 높이로 조화를 이루었다. 간주석 위 상대석에는 여덟 잎의 앙련(仰蓮)이 새겨졌다.

팔각 화사석(火舍石)의 네 면에는 화창(火窓)이 있다. 옥개석의 추녀선은 약간 반전(反轉)하였으며, 꼭대기에 보주(寶珠)가 조각되었다.

❀ 미륵리삼층석탑

석굴 사원의 경내에서 동쪽 언덕으로는 밭이 연결되어 있는데 밭두렁에 탑이 서 있다.

이 탑은 전체 높이 3.3m로서, 이중 기단 위에 3층의 탑신부를 형성하고 정상에 상륜부를 장식한 일반형 탑신을 하고 있다. 현재 상층기단 면석(面石)과 3층 탑신 윗부분이 없어졌고 노반석(露盤石)만 놓여 있으나, 탑신 각층의 비례가 신라식을 따른 단아한 석탑이다. 상층 기단석에는 두 우주와 중

미륵리삼층석탑. 충청북도유형문화재 제33호.

돌거북　등에는 비석을 세울 수 있게 홈을 파 놓았으나 비신을 찾지 못하고 있다. 규모가 매우 커서 우리 나라 최대의 귀부이다.

앙에 탱주 하나가 있으며, 초층 탑신에는 감실(龕室)을 표현하고 있다.

상륜부는 결실된 상태이나 그 수법이 안정감을 주는 석탑인데, 기단 갑석의 부연(副椽)이나 옥개석의 형태 등으로 보아 건립 시기는 고려 초기로 추정된다. 충청북도 유형문화재 제33호로 지정되어 있다.

⸙ 미륵리와요지

이 미륵리와요지는 충북대학교 박물관의 발굴 결과 17세기 이후 20세기 전반까지의 백자 가마와 일본식 가마가 동시에 발굴되어 한말과 일본시대의 도자기 문화를 비교할 수 있는 중요한 학술 자료가 되었다.

보존 상태도 양호한 편이므로 복원하면 충주 지방의 도자사 연구의 훌륭한 교육장이 될 듯하다. 1994년에 충청북도 기념물 제100호로 지정되었다.

❀ 돌거북과 기타

돌거북[石龜]은 1977년 발굴 당시에 반만 드러났던 것이 출토된 것으로, 사원 경내의 석탑으로부터 북쪽으로 35m 떨어진 곳에 있다. 등에는 비석을 세울 수 있게 홈을 파 놓았으나 비신은 찾지를 못하고 있다. 정교한 맛은 없으나 규모가 매우 커서 길이 6.05m, 높이 1.8m, 너비 4m나 되는 우리 나라 최대의 귀부(龜趺)이다.

미륵리 사지 안에는 그 밖에 2개의 연화문을 조각한 당간지주가 쓰러진 상태로 있으며, 불상 대좌로 보이는 연화문 받침돌이 있다. 전부 1977년의 발굴시 출토되었다.

또한 장방형의 거석 표면에 부조로 새긴 반가의상(半跏倚像)이 있으며, 미륵불입상에서 동쪽으로 약 350m 떨어진 산기슭에는 불두(佛頭) 1점, 불신(佛身) 2점 등 전부 3점의 불상 석부재가 흩어져 있었다.

◑ 미륵사지에 전해오는 설화

❀ 마의태자와 덕주 공주

신라 천년 사직(社稷)이 고려에게 넘어가자, 망국의 한(恨)을 품고 마의태자(麻衣太子)와 덕주공주(德周公主)가 금강산으로 입산 도중, 하늘재 너머에서 하룻밤을 머무르게 되었다. 그날 밤 마의태자 꿈에 관세음보살이 나타나, "이곳에서 서쪽 고개를 넘으면 절을 지을 만한 터가 있으니, 그곳에 절을 짓고 북두칠성이 마주 보이는 영봉(靈峰)에 마애불을 조성하면, 억조창생에 자비를 베풀 수 있으니 포덕(布德)함을 잊지 말라."고 이르고는 사라졌다. 꿈을 깬 마의태자는 덕주 공주와 상의하니 똑같은 꿈을 덕주 공주도 꾸었다는 것이다.

당간지주   미륵사지 입구에 누워있는 당간지주는 원래의 자리에 서있지는 못하지만, 지주 옆면에 새겨진 연꽃은 화려하고 아름답다.

그리하여 남매는 하늘재(계립령)를 넘어서 마의태자는 석불입상을, 덕주 공주는 월악산 마애불을 조성했다고 한다.

그래서 석불입상과 마애불이 마주 보고 있는데, 국가에 큰 일이 일어나면 두 부처님 보옥(寶玉)에서 불빛이 비치며, 그 불빛이 어찌나 밝은지 밤중에 도 땅에 개미가 기어가는 것이 보인다고 한다. 거란이 침입했을 때, 몽고가 침입했을 때, 임진왜란이 일어났을 때, 최근에는 한국전쟁 때도 그랬다고 전한다.

⚜ 온달 장군과 공깃돌

「바보 온달과 평강 공주」로 유명한 온달 장군은 고구려의 장수로서 죽령 과 계립령 이북의 고토(故土)를 회복하지 아니하면 돌아오지 않겠다는 선 언을 하고 신라와 싸우기 위하여 출전한 것은 역사적 사실이다.

그런데 그 온달 장군이 단양
군 영춘면 온달성에 산성을 쌓
으니 바로 온달산성이라는 전설
이 있는데, 이곳 미륵리(계립
령)에도 전설을 가지고 있다.

온달장군은 신라가 개척한 계
립령 밑에 군사를 주둔하여 성
책을 쌓고 군사를 교련했다. 그
는 미륵당 내의 물을 마시고 힘
이 세졌는데, 바로 이곳에 있는
공기돌을 갖고 힘자랑을 했다는
것이다. 그리하여 이 공깃돌을

온달장군 공깃돌

'온달장군 공깃돌'이라 부른다. 그 돌을 들어내면 하늘이 노하여 마른 하늘
에 청천벽력이 인다는 전설이 전하여 오고 있다.

또한 초등학교로 쓰던 학교 앞에 말무덤이라는 큰 무덤이 있는데 온달 장
군의 애마(愛馬)의 무덤이란 속설도 있다.

✿ 오층석탑 위의 죽장

보물 제95호로 지정 보호되고 있는 오층석탑 상층부에는 철제 찰주가 마
치 피뢰침같이 남아 있다. 그리고 잘 살펴보면 그 위에 대나무 하나가 솟아
있다.

이 대나무는 의상대사가 죽장(竹杖)을 탑 위에 꽂아 놓고, "이 대나무 죽
장이 푸르게 살아 있으면 나도 죽지 않고 살아 있는 것이고, 죽장의 대나무

가 죽었으면 나도 죽었다."는 말을 남겼다고 한다.

지금도 잘 살펴보면 오층석탑 위에 대나무가 살아 있다. 의상대사가 어느 곳엔가 살아 있으며 이 나라의 안녕을 지켜주고 있는 것인지.

❀ 계립령의 역사적 의미

미륵대원지 혹은 이곳에 얽힌 여러 설화 등을 거론할 때 빠지지 않고 언급되는 것이 계립령(鷄立嶺)이다. 마의태자와 덕주공주가 금강산에 입산

하기 위해 이곳을 지나던 길이 계립령이며, 그 전에 고구려의 온달 장군이 신라에게 빼앗긴 영토를 되찾기 위해 진을 친 곳도 계립령, 그리고 충주 지방 교통의 요충지로 흔히 드는 것이 조령(鳥嶺)과 더불어 바로 이 계립령인 것이다.

계립령에 대한 문헌 기록으로는 우선『삼국사기』「신라본기」〈아달라이사금(阿達羅尼師今)〉3년(156년) 조에 있는 '사월에 계립령 길을 열었다(四月 開鷄立嶺路).'라는 부분을 들 수 있다. 이 대목은 우리 나라 역사상 국가가 나서서 길을 개척한 효시로 거론되기도 하는 부분인데, 동쪽 변두리에 위치한 자그마한 신라가 계립령과 한강의 통로를 개척함으로써 삼국 통일의 발판을 다진 역사적 의미가 담겨 있는 것이다.

그런데 사실 계립령의 위치가 정확히 밝혀지지는 않았었다. 그래서 계립령이 어느 고개인가는 그 동안 특히 향토사를 하는 이 지방 사람들의 큰 숙제였다. 왜냐하면 미륵리 서쪽 고개를 지릅재라고 지금도 부르고 있기 때문이다.

이에 대한 해답은『삼국유사』에서 찾아 볼 수 있다. 「연표」에 보면 '□립현은 지금의 미륵대원 동령이 바로 그곳이다(□立峴 今彌勒大院 東嶺是也).'라는 대목이 있어 하늘재가 곧 계립령이라는 것을 지적해 주고 있다. 곧 '미륵대원'이라는 말은 1977년의 발굴 때 발견된 많은 문자 기와에서 그 사명(寺名)이 밝혀졌고, 그 동쪽 고개는 하늘재로 부르는 곳인데 그 곳이 바로 계립령(현)임을『삼국유사』가 알려 준 것이다. 그제서야 경주에서 하늘재를 넘어 송계 계곡을 지나 한강에 연결되는 길임을 쉽게 알 수 있었고, 계립령에서 조령(새재)으로 그리고 다시 이화령으로 변천된 영남 고개 길을 해석할 수 있게 되었다.

신라인들이 계립령을 개척한 까닭은 한반도의 중앙에 있는 이 고개가 북으로 가는 길의 첩경이기 때문이었다. 그래서 계립재가 지릅재로 된 것인데, 지릅재는 질러 가는 길(가까운 길)을 뜻하며 그것은 샛길과 어원을 같이 한다. 샛길은 곧 '새'의 길인데, '새'라는 우리 말을 한자로 표시하다 보니 조령(鳥嶺)으로 바뀐 것으로 추정해 볼 수 있다.

어쨌든 이 길목은 부산에서 의주까지 가는 곧은 길이고, 그리하여 그 길목에 예로부터 전통적인 오대 도시인 의주 · 평양 · 서울 · 충주 · 부산(동래)이 놓여 있었고, 이 길이 우리 역사상 문화 전파의 길과 침략 수단의 길이 되기도 했었다. 대륙의 문화가 일본까지 전파되는 길목이었고, 북쪽이 강할 때는 남진의 통로요, 남쪽이 강할 때는 북진의 경로였기 때문이다.

탑평리사지

● 위치와 창건

충주시 가금면 탑평리 11번지 주변은 옛 절터로서, 절 이름과 연혁은 전해지지 않으며, 국보 제6호로 지정된 탑평리칠층석탑이 서 있다.

이 탑평리(塔坪里寺址)에서 발견된 기와를 살펴보면, 고구려 계통의 기와와 신라 계통의 기와가 모두 나오고 있다. 특히 이들 중에서 고구려 기와

탑평리사지　이곳에서 출토되는 기와와 부근의 지형으로 보아 석탑을 중심으로 1만여 평이 넘는 큰 규모의 절터로 추정된다.

로 보고 있는 것은 이 절터에서만 보이는 유일한 종류의 것이다. 이 기와와 부근의 지형으로 보아서는 석탑을 중심으로 북쪽 경작지와 마을 일대의 전체 1만여 평 규모의 큰 절터로 추정된다.

그런데 이곳에서 출토된 기와 가운데는 삼국시대의 연화문 암·수막새를 비롯하여 다채로운 와전류(瓦塼類)가 출토되고 있어 주목된다. 특히 무늬 없는 암막새의 존재 등은 이 사찰이 막새를 처음 사용하던 이른 시기에 건립되었다는 것을 말해준다.

◑ 성보문화재

❀ 탑평리칠층석탑

탑평리칠층석탑은 이 석탑의 위치가 한반도의 중앙부라 하여 '중앙탑'이라고도 하는데, 현존하는 신라 석탑 중에서 규모가 가장 크며 높다. 석탑이 자리한 이곳이 원위치로서 주변 경작지에는 기와 조각이 흩어져 있고, 바로 앞에는 석등 하대석이 남아 있다.

석탑의 구조는 이중기단 위에 7층 탑신을 형성하고 그 정상에 상륜부를 구성한 일반형을 하고 있다. 기단부는 10여 매의 장대석(長大石)으로 쌓은 지대석 위에 놓았는데, 상하층의 면석과 갑석이 모두 여러 장의 판석(板石)으로 짜여진 것은 이 석탑의 규모가 크기 때문이다. 하층기단과 상층기단 면석에는 두 우주(隅柱)와 탱주(撑柱)가 정연하게 새겨졌으며, 상층 갑석의 아래쪽에 부연(副椽)이 마련되어 신라 석탑의 특징을 잘 보이고 있다. 그리고 갑석 위에는 별석(別石)의 2단 각형 괴임대로 탑신부를 받치고 있다.

거탑이므로 탑신부도 하층부에서는 여러 매의 석재로 구성하였고, 상층부에 이르면서 단석(單石)으로 되었다. 제6·7층 탑신은 1석으로 조성되었으며 각층 탑신에는 두 개의 우주가 마련되었다. 옥개석은 초층의 낙수면

탑평리칠층석탑

과 처마 밑의 옥개 받침부가 모두 8석으로 조립되었다. 옥개받침은 각층 5단씩이고 옥개석 상면에는 각형 2단의 괴임대를 각출(刻出)하여 그 위에서 탑신을 받고 있다.

상륜부는 노반석(露盤石)을 이중으로 놓고 그 위에 복발(覆鉢)과 앙화(仰花)를 구성하였다.

이 석탑은 규모가 커서 웅장하기는 하나 기단부와 탑신부의 세부 수법에 있어서 약식과 생략으로 흐르는 경향을 보이며, 전체적 형태도 높이에 비해 너비의 비례가 좁은 편이다.

1917년 이 석탑에 대한 전면 해체 복원이 진행되었는데, 이 때 사리장엄(舍利裝嚴)이 발견되었다. 유물 중 동경(銅鏡) 2점은 고려시대의 작품으로 추정되는데, 이러한 점에서 이 석탑은 조성 이후 고려시대에 이르러 재차 사리장치의 봉안이 있었음을 알 수 있다.

⊛ 칠층석탑과 관련된 이야기

칠층석탑, 곧 중앙탑과 관련되어 전래되는 구전과 기록이 있다.

먼저 충주 지방에 구전되는 것으로서, 신라 때 김생(金生)이 탑을 세웠다는 이야기다. 이것은 현재 강(江)을 경계로 하여 가금면과 금가면이 구분되고 있는데, 금가면 반송산에 있는 김생사지와 가금면 탑평리사지의 주변 환경이 모두 강에 연해 있기 때문에 발생한 설이 아닌가 생각된다.

이와 같은 이유로 여러 학자들이 이곳 탑평리사지를 김생사(金生寺)로 절 이름을 추정한 바 있었다. 그러나 그렇게 본다면 사찰과 탑이 강을 사이에 두고 다른 장소에 건립되었다는 것이 되기 때문에 도저히 합당하지 못함을 알 수 있다.

따라서 김생사지와 탑평리사지는 별개의 절터인 셈이다. 실제로 김생사지가 중앙탑 부근이 아니고 금가면 반송산에 위치한다는 것은 기록에도 있

석등 하대석 　칠층석탑 남쪽 바로 앞에는 석등의 하대석인 연화반석이 있다. 연판의 조각 수법으로 보아 조성연대는 고려 초기로 보인다.

을 뿐만 아니라, 단국대학교 박물관과 예성문화연구회, 서원학회 등에서 반송리 65번지의 폐사지를 김생사지로 확인한 바 있고, 김생사지 출토 와당 등이 소개되기도 했다. 더군다나 1981년 9월에는 김생사지에서 「김생(金生)」이라는 좌서체(左書體) 음각 명문까지 수습되었다. 따라서 그 자리를 김생사 터로 확정지으면서 아울러 탑평리사지가 김생사지가 아님이 분명해졌다.

　탑평리 칠층석탑과 관련된 또 다른 이야기는 이 탑의 다른 이름인 '중앙탑'에 관한 것이다. 통일신라시대인 796년(원성왕 12)에 국토의 중앙을 표시하기 위하여 탑평리에 대리석으로 13층의 석탑을 임시로 세웠는데, 이를 확인하기 위해 건각자(健脚者)를 뽑아 남북의 끝으로 보낸 다음 동시에 출발하도록 누차에 걸쳐 시험해도 반드시 탑평리에서 만나곤 하였다. 그래서 이 탑을 화강암으로 크게 개축하고 신라의 중앙지(中央地)라 하여 중앙탑이라 일컬어 왔다는 것이다.

　가금면내 동명(洞名) 가운데 「안반내」라는 지명이 있다. 본래는 「한반래」

로서 '한국의 반', 곧 중앙이 된다는 뜻이니 이곳이 바로 국토의 중앙지라는 사실을 내포하고 있다고 해석한다. 충주를 지도상으로 볼 때 동서로 보면 대략 중앙부에 위치하지만 남북으로 볼 때는 대략 3분의 1 남쪽으로 치우쳐 있다. 그러나 신라의 북방 경계는 오늘날과 같지 않아 대동강 유역에서 원산 지역에 이르게 되는데, 이 선을 국경으로 볼 때는 충주가 남북으로도 대략 중간 지점에 해당하므로, 신라 중앙지 표시와 관련된 건탑설은 충주의 지리적 환경을 고려해 볼 때 어느 정도 이해될 수가 있다.

또 다른 일설에 의하면 충주에 왕기(王氣)가 솟고 있어 이를 제압하기 위해 이 탑을 건립했다는 설도 있다.

◑ 탑평리사지 출토 유물

탑평리사지의 규모 및 그 성격을 밝히기 위해 한국교원대학교 박물관이 발굴한 바 있었다. 발굴은 1992·1993년 두 차례에 걸쳐 실시되었는데, 현재 사지 일대는 약 15,000평 규모의 사적 공원이 조성되어 수석과 수목으로 조경되어 있다.

당시 발견된 중요 유물은 다음과 같다.

❀ 석등 하대석

칠층석탑 남쪽 바로 앞 150m 지점에 석등의 하대석인 연화반석(蓮花盤石)이 있다. 잘 다듬은 방형 하대 위에 8엽의 복련을 양각하고 그 상면에 평면 팔각형의 1단 괴임을 했으며, 그 중앙에 부등변 팔각형의 홈을 팠다. 8엽 복판(複瓣)의 판간(瓣間)에는 간엽(間葉)을 새겼다. 이것은 석등의 팔각 간주석(竿柱石)을 꽂아 세운 석등하대석으로 보인다. 사각형의 하대 및

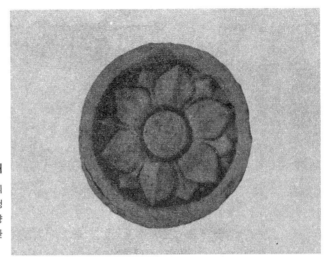

6엽 연화문 수막새

충주 지방에 삼국의 문화가 결합하여 생긴 것으로 서로의 양식적 특징을 결합한 흔적이 보인다.

연판(蓮瓣)의 조각 수법 등으로 보아 조성연대는 고려 초기로 보인다. 크기는 방형 하대의 넓이 103×103㎝, 높이 22㎝이다.

❀ 가옥형 옥개석

칠층석탑의 서쪽 토단 밑에 굴러 있었다. 맞배지붕 형태로서 완형은 아니고 파손 부분이 많다.

옥개석 가운데 이렇게 가옥형(家屋形)을 한 유례는 충청남도 연기군 연화사 가옥형 비석(碑石)의 천개석(天蓋石)이 있지만, 이곳에 있는 것은 이면(裏面)을 확인한 결과 석등의 옥개석으로 추정된다.

❀ 6엽 연화문 수막새

탑평리칠층석탑 주변의 전답과 대지, 남한강변에는 무수한 기와 파편과 토기편이 흩어져 있다. 이곳에서 수습된 와편은 주로 삼국시대부터 고려시

통일기원 탑돌이　　분단된 남북한의 통일을 염원하는 불교행사로 탑돌이를 충주문화제 행사에 접목시켜 보자는 의도로 시작되었다. 넓은 공간과 잔잔한 호수가 더욱 분위기를 자아낸다.

대에 걸친 것인데, 수많은 와편 중 6엽연화문 수막새 와당이 모두 세 형태로 채집되었다.

첫 번째 형태는 연꽃 잎이 스페이드형인 것으로서 연판 끝이 뾰족하게 반전되었다. 연판 중앙 부위에 능선이 있으며, 능선 양쪽은 마치 엄지와 검지 손가락으로 눌러 잡은 듯 움푹 들어갔는데, 주로 회백색이다.

두 번째 형태는 연꽃 잎 모양이 무화과 열매의 옆 모습과 같은 것이다. 연꽃 잎 중앙 부위에 주름 같은 가는 능선이 돌출되어 있는데, 흑색과 갈색이 있다.

세 번째 형태는 연꽃 잎 모양이 은행 열매나 길쭉한 계란 같은 타원형으로 생겼다. 위의 두 개와는 달리 자방(子房)의 형태가 얕은 만두 모양을 이루는데, 갈색과 회백색이 있다.

이 세 가지 6엽 연화문 수막새는 모두 삼국시대에 만들어진 것으로 추정된다. 제1·2형태는 백제 와당, 제3형태는 고구려 와당의 기본 형식을 각각 취하면서 한편으로는 서로의 양식적 특징을 혼합한 흔적도 보인다.

결국 6엽 연화문 수막새는 충주 지방에 삼국의 문화가 결합되어 생긴 것으로서, 이 수막새들에 대한 분석과 연구 없이는 삼국시대 문화 발전의 경로와 맥락을 밝히기 어려울 듯하다.

● 통일기원 탑돌이

신라가 삼국을 통일한 뒤 국토의 중앙에 탑평리칠층석탑을 세우고 이름하여 '중앙탑'이라 했다는 것은 앞에서 살펴본 바와 같다.

충주에서는 분단된 남북한의 통일을 염원하는 불교행사로서의 탑돌이를 충주문화제(文化祭) 행사에 접목시켜 보자는 의도로 1992년 10월에 중앙탑 탑돌이를 시작했는데, 1997년 현재 제5회 탑돌이 행사를 가졌다.

충주사암연합회가 주관하고 충주시 각 사찰 신도들이 참석하는 이 행사는 충주지방의 대표적 문화제 행사로 자리매김하고 있다. 중앙탑 주변에 사적 공원 등 탑돌이를 할 수 있는 넓은 공간이 있는 데다가, 주변 충주댐 보조댐의 잔잔한 호수는 분위기를 더욱 자아낸다. 이 행사를 더욱 발전시키기 위하여 연등 행사에 유등(流燈) 행사까지 함께 한다면 더욱 장관일 것이다.

숭선사지

☯ 위치와 연혁

숭선사지(崇善寺址)는 충주시 신니면 문숭리 절터골에 있는 고려시대의 절터이다.

숭선사는 1182년(명종 12) 창건되었는데, 그 뒤의 연혁은 전하지 않고, 조선 초 태조(1392~1398) 때 폐사되었다고 한다.

숭선사지

현재 전하는 유물로는 절터 동남쪽에 있는 문승리에 당간지주가 있고, 1967년 절터에서 창건시기를 알게 해 주는 명문와가 발견되었다.

◑ 성보문화재

❀ 당간지주

절터에서 동남쪽 문승리 마을 중앙 쯤인 601번지에 있다. 고려시대의 당간지주로서, 전체 높이 500cm, 둘레 400cm의 거대한 크기에 화강암으로 만들어졌다. 본래 두 개가 있어 한 조를 이루었으나, 1927년 어느 일본인이 장호원과 충주 간 도로를 놓을 때 마을 앞 하천의 다리 교각용으로 사용한다고 한 개를 빼 가 지금은 한 개만 남아 있다. 교각으로 사용된 지주는 신덕 수리조합 저수지 공사 때 매몰되어 제방 밑에 있다고 전한다.

당간지주　마을회관 앞에 한쪽만이 서 있다.

원평리사지

⬤ **위치와 창건**

원평리사지(院坪里寺址)는 충주시 신니면 원평리 102번지에 자리한 고려시대 절터이다.

원평리사지에 자리했었던 절에 대해서는 절 이름과 자세한 연혁을 알 수 없다. 다만 지금 절터에 있는 고려시대 미륵불입상 및 삼층석탑 등을 통해

원평리사지　원평리 마을 가운데 자리하고 있는 절터에는 고려시대 미륵불상과 배례석 그리고 삼층석탑 등이 남아 있다.

이곳이 고려시대에 번성했던 옛 절터임을 알 수 있을 뿐이다.

◑ 성보문화재

❀ 석조미륵불입상

충청북도 유형문화재 제18호로 지정된 전체 높이 610㎝의 거불(巨佛)로서, 고려시대에 조성되었다.

양식을 살펴보면 대좌는 원형(圓形)으로서 복연화문(覆蓮花紋)을 양각했고, 그 위에 불상을 안치했다. 불상은 머리 위에 팔각형 보개(寶蓋)를 얹

었는데, 팔각 전각(轉角)마다 소공(小孔)이 뚫려 있는 것은 장식을 달았던 흔적으로 보인다.

머리에는 나발의 흔적이 남아 있고 백호는 없다. 귀는 고려시대 양식 대로 길게 늘어뜨려져 어깨까지 닿고 있으며, 목에는 삼도가 있다.

불의는 통견이며, 옷자락이 발 아래까지 내려가 있다. 수인은 오른손을 들어 가슴에

석조미륵불입상

대고 왼손은 배 앞에서 들어 손바닥을 위로 향하고 있다. 머리 뒤와 이마에 소공이 여럿 있는데, 보개에서와 마찬가지로 장식을 달았던 흔적으로 추정된다.

이와 같은 불상의 전체적 양식으로 볼 때 통일신라의 전통을 이어 받은 고려시대 초기의 작품으로 생각된다. 현재는 노천에 있으나, 불상 주위로 주초석이 있는 것으로 보아서 봉안 당시에는 전각 안에 모셨을 것이다.

불상 앞에는 배례석(拜禮石)이 있는데, 장방형 대석(臺石)으로서 3단의 괴임이 있고 사각형 기둥이 있다. 기둥의 네 면에는 무늬가 없고, 그 위에 앙련(仰蓮)을 조각한 장방형 평석(平石)을 놓았다.

❀ 삼층석탑

석조미륵불입상 북쪽으로 15m 지점에 삼층석탑이 있다. 높이 290㎝에 화강암으로 만든 것인데, 조성연대는 고려시대로 추정된다.

탑의 조성 수법은 먼저 자연석에 최소한만 치석(治石)을 가한 하대석을 놓고 거기에 상대석을 놓았다. 상대석은 전부 4장의 돌로 구성되었는데, 그 가운데 동쪽에 있던 것은 없어졌다. 남쪽과 북쪽의 면석(面石)에는 향로(香爐)가 새겨졌고, 서쪽에는 아무 무늬도 없다. 상대석의 갑석은 한 장의 돌로 되었는데, 괴임이 있다.

탑신부는 초층에만 네 면에 각각 불상을 양각했고, 옥개석은 3층 모두 3단 받침을 하고 있으며 추녀의 낙수면은 완만하다. 현재 3층 탑신석까지만 남아 있고 옥개석 이상은 없어졌다.

한편 이 탑에서 동쪽으로 10m 되는 곳에 또 다른 삼층석탑이 있었으나 지금은 없어졌다. 1930년대 충주군청으로 옮겨졌다고도 하고, 혹은 역시 그 무렵에 다른 곳으로 가져갔다고도 한다.

Ⅲ. 괴산군

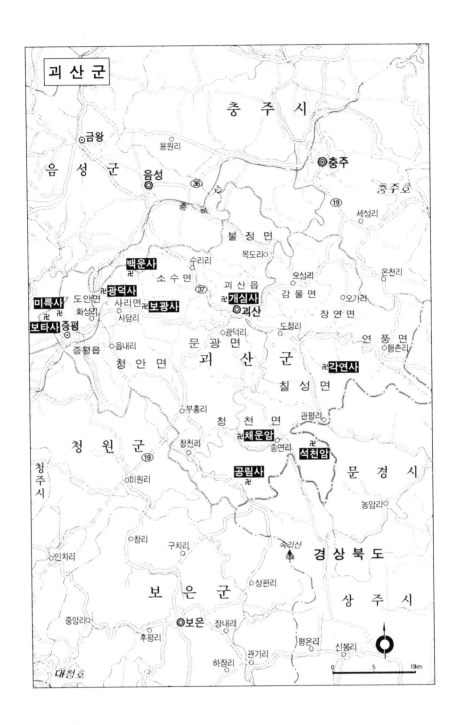

괴산군

충주시

음성군

금왕

용원리

충주

충주호

음성

36

세성리

19

불정면

목도리

온천리

백운사

수리리

소수면

괴산읍

오성리

오가리

광덕사

37

개심사

감물면

미륵사

도안면

보광사

괴산

장연면

사리면

사담리

보타사 증평

광덕리

도정리

연풍면

증평읍

읍내리

문광면

괴산군

행촌리

청안면

각연사

칠성면

부흥리

청천면

관평리

청원군

청천리

채운암

송면리

석천암

19

미원리

공림사

문경시

청주시

농암리

청 주 시

대청호

창리

구치리

속리산
1058

경상북도

인차리

상판리

상주시

보은군

중앙리

보은

장내리

평온리

신봉리

후평리

관기리

0   5   10km

하장리

대청호

괴산군의 역사와 문화

　괴산군(槐山郡)은 충청북도 중동부에 위치하며 동쪽은 제천시와 경상북도 문경시·상주시, 충청북도 서쪽은 진천군·청원군, 남쪽은 보은군, 북쪽은 음성군·충주시와 접한다. 인구는 1997년 12월말 현재 14만 7,168명, 행정구역은 1읍 10면 126동리로 이루어져 있다.

　자연환경은 소백산맥이 경상북도와의 도계(道界)를 따라 동북에서 서남으로 뻗어 있으며, 서쪽에는 차령산맥에서 나누어 지는 노령산맥이 남하하여 남북으로 자리한다. 이 두 산맥에 의해 괴산군은 분지를 형성하고 있는데, 대표적 산으로는 조령산(鳥嶺山, 1,017m)·백화산(白華山, 1063m)·이만봉(二萬峰, 991m)·백악산(白岳山, 915m) 등이 있으며, 북동부 중앙에는 박달산(朴達山, 825m)을 중심으로 하여 산지가 형성되어 있다. 그 밖에 덕가산(德加山, 857m)·칠보산(七寶山, 780m)·보개산(寶蓋山, 780m)·군자산(君子山, 948m)·낙영산(落影山, 681m)·조봉산(鳥鳳山, 680m) 등이 있다. 하천은 소백산맥에서 발원한 달천이 괴산군의 남쪽 끝에서 북쪽 끝으로 흘러 연풍천(延豊川)·동진천(東津川) 등의 지류와 합류해 남한강으로 흘러든다.

　괴산군에서는 신석기시대 유적·유물이 발견되었으며, 삼한시대에는 마한에 속했었다. 삼국시대에는 삼국의 접경지대로, 먼저 고구려의 영토였다가 나중에 신라에 속했는데, 신라에서는 괴양현(槐壤縣)과 도서현(道西

縣)이 되었다. 이 지역은 삼국 간 치열한 영토 전쟁이 벌어졌던 곳인데, 군 내에 남아 있는 여러 산성터는 대체로 이 무렵에 세워진 것으로 추정된다.

고려에서는 괴주(槐州)라 불렸는데, 1018년(현종 9) 충주목(忠州牧)의 관할하에 있었다.

조선에 들어서 1394년(태조 3) 장연현과 장풍현을 합하여 장풍현(長豊縣)이 되었다가, 1403년(태종 3) 연풍현(延豊縣)으로 고쳤으며, 1405년 도안현·청안현을 합하여 청안현(淸安縣)으로 고쳤다. 이어서 1413년 괴주를 괴산으로 고치고 군으로 승격시켰다. 1895년(고종 32) 괴산군은 충주부에 속했으며, 연풍·청안은 각각 군이 되었고, 1914년 3월 행정구역 변경에 따라 괴산과 청안의 일부 및 연풍군이 폐지, 또는 합병되어 현재의 괴산군이 되었다.

현대에 들어서는 1949년 8월 증평면이, 1979년 괴산면이 각각 읍으로 승격되었다. 1990년 12월 31에는 증평읍이 증평출장소가 되면서 괴산군에서 분리되었다. 1957년 칠성면에 수력발전소가 세워지면서 괴산댐이 건립되었는데, 이 수력발전소는 우리 기술만으로 세워진 최초의 발전소이기도 하다.

괴산군의 불교문화재로는 원풍리마애불좌상(보물 제97호)을 비롯하여 각연사의 석조비로자나불좌상(보물 제433호)·각연사통일대사비(유형문화재 제2호)·각연사비로전(유형문화재 제125호)·각연사대웅전(유형문화재 제126호)·각연사부도(유형문화재 제127호)·광덕사석불(유형문화재 제75호)·삼방리의 마애불좌상(유형문화재 제128호)과 삼층석탑(유형문화재 제182호), 봉학사지의 오층석탑(유형문화재 제29호)과 석조불좌상(유형문화재 제30호), 외사리당간지주(유형문화재 제139호)·남하리삼층석탑(유형문화재 제141호)·개심사 목조여래좌상과 목조관음보살좌상(유형문화재 제173호), 개심사부도군(문화재자료 제18호)·도명산 마애불(유형문화재 제140호)·보안사 삼층석탑(유형문화재 제190호) 등이 있다.

각연사

◑ 위치와 창건

각연사(覺淵寺)는 괴산군 칠성면 태성리 38번지 보개산(寶蓋山)에 자리한 대한불교조계종 제5교구 본사 법주사의 말사이다.

절에 전하는 옛 기록들에는 모두 '보개산 각연사'라는 이름을 쓰고 있으나 오늘날의 행정 구역으로는 칠보산(770m)의 남록에 해당한다. 태성리

각연사 보개산과 칠보산의 양 계곡이 합쳐지는 곳에 자리하고 있다. 절은 대웅전을 중심으로 비로전과 삼성각 등의 전각들로 이루어졌다.

큰 길에서 동남쪽으로 약 6km 거리를 올라 가면 작은 마을이 있고, 여기를 지나 산길을 올라 보개산(780m)과 칠보산의 양 계곡이 합쳐지는 곳에 절이 자리하고 있다. 산기슭 남쪽과 서쪽에 거대한 석축을 쌓고 그 위에 넓은 대지를 마련하여 가람이 들어 선 산지 가람의 전형적 모습이다.

절이 언제 창건되었는지는 정확하지 않다. 각연사의 사정을 전하는 몇몇 기록이 남아 있지만 창건에 관해서는 서로 달리 서술하고 있다. 즉 신라 법흥왕(재위 514~540년) 때 유일(有一)대사가 창건하였다는 설과 고려 초에 통일(通一)대사가 창건하였다는 설, 두 가지 견해가 있다.

먼저 법흥왕 때에 창건되었다는 이야기는 다음과 같이 전설의 형태로 전해진다.

신라 때 유일대사가 절을 짓기 위해 지금의 괴산군 칠성면 쌍곡리에 절터를 잡고 공사를 시작하였다. 인부를 모아 나무를 베고 기둥을 만드는 작업이 며칠간 계속되었다. 그런데 대패질한 대팻밥이 자고 나면 하나도 남김없이 없어지곤 하였다.

이런 일이 여러 날 계속되었다. 대사가 이상한 일이라 생각하

전(傳) 유일대사상

고 유심히 지켜보니 갑자기 수백 마리의 까마귀가 나타나 제각기 대팻밥을 물고 날아가는 것이었다. 다음 날도 마찬가지였다. 대사가 까마귀의 행방을 알아보기로 작정하고 급히 따라갔으나, 하늘을 나는 까마귀는 서쪽 하늘로 사라져 보이지 않았다.

대사는 허탈한 마음으로 포기하고 막 돌아서려는데 발 밑에 대팻밥이 떨어져 있었다. 필시 까마귀가 물고 가다가 떨군 것이라 여기고 주위를 둘러보니 길가에 줄을 맞춘 듯 널려 있었다. 무엇인가 뜻하는 바가 있음을 깨달은 대사는 대팻밥을 따라 한참을 걸어 갔다.

얼마나 걸었을까. 웅장한 산림이 빼곡이 들어 차 있는데 그 한 가운데 큰 연못이 고요하게 펼쳐져 있었다. 물에는 산그림자가 비치고 희귀한 새들이 노래하는 절경이었다. 잠시 후 까마귀 떼가 대팻밥을 물고 와서는 이곳 연못 가운데 떨어뜨리고는 합창이나 하듯이 까욱! 까욱! 울어대는 것이었다.

대사는 이 모든 것이 부처님의 인도라고 생각하였다. 지체하지 않고 돌아가 다른 스님들에게 이 사실을 알렸더니 모두가 연못에 와보고는 천하의 명당이라 칭송하였다. 그래서 한마음으로 이곳에 절을 짓기로 하고 연못을 메워 나갔다.

그러던 중 연못 속에서 환한 광채가 뻗어 올라와 자세히 살펴보니 물 속에 석불 한 구가 있었다. 거두어 올려 서둘러 불상을 안치하니 지금의 비로전에 모셔진 비로자나불상이 바로 이것이다. 마침내 절을 완공하고 각연사라 하였다. 절 이름은 위와 같이 '유일대사가 연못 속에 불상이 있음을 깨달았다(覺有佛於淵中)' 는 뜻에서 붙여진 것이다.

이와 같이 유일대사의 창건은 설화의 모습으로 전한다. 설화의 배경이라고 하는 법흥왕 때는 신라에 불교가 국가적으로 공인될 무렵이다. 물론 공인 이전에도 신라 땅에는 적지 않은 승려가 지방 사회에서 포교 활동을 하고 있었지만, 사찰이 창건될 만큼의 공개적이고 본격적인 불교 보급은 아

석재군

직 이루어지지 않았을 때였다. 그러므로 위의 창건설화는 역사적인 사실과
는 거리가 있다.

더욱이 신라 법흥왕 무렵의 이곳 괴산군은 엄연히 백제의 영토였으므로
설화의 배경이 백제 무녕왕(501~523)이나 성왕(523~554) 때라고 해야
옳을 것이다. 한편 설화의 클라이막스로 등장하는 비로자나불상은 그 양식
으로 보면 신라 하대에 조성된 것이 분명하다.

따라서 이 설화에 전하는 각연사의 창건 과정은 역사적 사실이 아니라 오
히려 비로자나불상의 탄생 과정을 설화적이고 극적으로 표현하기 위해 만
들어졌다고 봄이 옳다.

한편 위 설화에서는 각연사라는 절 이름이 '유일대사가 연못 속에 불상
이 있음을 깨달았다(覺有佛於淵中)' 는 것에서 유래한다고 되었는데, 그와
는 조금 다른 견해도 있어서 여기에 소개한다.

각연사 비로전에는 1901년(광무 5)에 지은 「연풍보개산각연사비로전개

분불사기(延豊寶盖山覺淵寺毘盧殿改粉佛事記)」 현판이 전하는데, 그 현판문 가운데 '깊고 넓은 연못 속에 연꽃이 피었음을 깨닫다(覺蓮華於深廣之淵也)'. 라는 글이 바로 그것이다. 이 현판문은 예로부터 전래하는 비로전 비로자나불좌상을 개분(改粉) 불사하면서 그것을 기념해 쓴 것이다. '깊고 넓은 연못 속에 연꽃이 피었음을 깨닫다.' 는 말은 현판문을 쓴 지은이의 생각이라기보다는 절에서 본래 그런 말이 전해온 것을 그대로 인용한 듯하다.

다음으로 절의 창건을 고려 초의 통일대사에 의한 것이라 하는 기록도 문제가 있다. 즉 경내에서 동남쪽으로 1km 정도 떨어진 계곡에 남아 있는 통

괘불대
대웅전이나 비로전의 주초석 및 석축이 고려 이전에 조성되었던 것으로 보아 통일대사 이전에 이미 절이 존재하였음을 알 수 있다.

통일대사 부도 귀꽃

일대사의 탑비(塔碑)를 근거로 절의 창건을 고려 초 통일대사에 의한 것이라 한다. 그러나 현재 절에 전하는 대웅전이나 비로전의 주초석 및 석축 등이 고려 이전에 조성된 것이므로 통일대사 이전에 이미 절이 존재하였음을 알 수 있다. 그러므로 통일대사는 각연사의 창건주가 아니라 중창주가 된다.

이와 같이 절의 창건을 신라 법흥왕대 또는 고려 초라 하는 기록들은 사실과 맞지 않음을 보았다. 그렇다면 절은 과연 언제 창건된 것일까. 절의 사정을 전하는 기록 가운데 가장 오래된 것이 1768년(영조 44)에 쓰여진 「각연사대웅전상량문」이다. 당시 퇴락한 대웅전을 대대적으로 중수한 후 불사의 과정을 간략히 서술해 놓은 것이다. 이 내용 속에서도 절의 창건을 분명히 밝혀 놓지 않았다. 다만 당시까지 세 번의 중창이 있어 왔고, 신라 경순왕(927~935) 때는 왕의 원찰(願刹)이 되었다고 하였다. 여기서 창건의 실마리를 찾을 수 있다. 즉 신라 말기였던 경순왕 무렵에 왕실의 원찰로서 각연사가 창건되었다고 생각된다. 이는 현재 남아 있는 몇 가지 유물·유적의 편년과도 맥이 통한다. 예를 들면 비로전과 대웅전의 주초석, 석축 등이 신라 하대로 추정되고 비로전 동쪽의 밭에 있는 석조 귀부와 1980년 보수 공사 때 발견된 기와도 그러하다. 또한 각연사를 대표하는 비로전의 비로자나불상도 이 시기에 조성되었음은 바로 절의 창건이 신라 하대 경순왕 무렵에 이루어졌음을 알려준다.

◐ 절의 연혁

각연사는 신라 하대 무렵에 창건된 이후 여러 차례의 중창을 겪었다. 이러한 연혁을 알려 주는 자료가 「각연사통일대사탑비」(960년 무렵)와 「각연사대웅전상량문」(1768년), 「연풍군장풍면대성동독점리 보개산각연사삼세여래급관음개금기(延豊郡長豊面臺城洞獨店里寶盖山覺淵寺三世如來及觀音改金記)」(1771년) 등이다.

위의 기록을 참고해서 연혁을 살펴 보면, 먼저 창건 이후 고려 초인 혜종

선적당부도 외 부도1기
조선시대에 들어서도 절은 여러 차례의 중수와 중창을 계속하여 어려운 상황에서도 법등은 계속 이어져 갔다.

(944~945) 때 중수가 있었다. 이 때의 사정은 단편적으로 중수 사실만을 적고 있어 자세한 사정을 알 수가 없으나 창건된 지 얼마 지나지 않은 시기였으므로 대규모의 중창은 아닌 듯 하다. 이후 각연사는 고려 초에 통일대사가 주석하면서 본격적으로 격을 갖춰 나가기 시작하였다. 통일대사비는 오랜 풍상을 겪으면서 비문이 많이 퇴락하여 전체 3,500여 자 가운데 260자 정도가 남아 있지만 그것도 일목요연하지 않아 판독에 어려움이 있다. 부족하나마 이를 정리해 보면 단편적이나마 대사의 행장을 엿볼 수 있다.

대사의 속성은 김씨로 그의 선조는 계림인(鷄林人)이다. 어느 때인지 중국에 유학하고 돌아오자 고려 태조가 기뻐하며 왕실로 초빙하였다. 아마도 중국에서 불법을 닦으면서 명성이 자자하여 고국 고려에도 소문이 퍼져 있었던 모양이다. 왕실에서 불법의 진리를 강론하니 태조는 감동하여 궁궐에 선방을 마련하기도 하였다. 대사의 덕이 높아 곳곳에서 사람들이 법문을 듣고자 구름같이 몰려 들었다. 대사가 입적하자 960년(광종 11) 무렵에 왕이 통일대사라는 시호를 내리고 한림학사 김정언(金廷彦)에게 비문을 짓도록 명하여 탑비를 세웠다.

통일대사탑비를 통해 우리가 알 수 있는 사실은 이 정도이다. 언제 태어나서 언제 입적했는지조차 알 수 없고, 각연사에 얼마 동안이나 머물렀는지도 모른다. 다만 고려초 왕실의 불교 신앙을 이끌어갈 만큼 법력이 뛰어났고, 그에 따라 세속적인 역량이 컸으므로 각연사의 위세도 가히 짐작할 만하다. 대사가 왕실에서 물러나 이곳 각연사에 주석하면서 아마도 많은 사람들이 절에 찾아왔을 것이다. 많은 대중이 모여 드니 가람은 이들을 수용하기 위해 상당한 규모의 법당과 요사를 갖추었을 것이다.

조선시대에 들어서 절은 여러 차례의 중수와 중창을 계속하였다. 숭유억불의 어려운 상황에서도 법등은 끊어지지 않고 이어져 갔다. 1648년(인조 26)과 1655년(효종 6)에는 비로전 법당을 중수하였다. 1678년(숙종 4) 무렵에는 대웅전을 중수하였고, 1768년(영조 44)에는 대웅전을 이전, 중수하

통일대사탑비 귀부

고 불화를 조성하는 등의 대규모 중창이 있었다. 이 때의 사정을 기록한 것
이 「각연사대웅전상량문」이다.

대웅전이 오래되어 나는 새가 와서 쪼고, 쥐가 갉아 먹어 서까래와 도리
기둥이 부러졌다. 중간에 퇴락한 것을 새로 손질한 것이 수도 없이 많다. 고
치고 또 고치다 보니 한 해가 가고 앉아서 한탄만 하고 있으니, 완성되는 날
이 기약없이 늦어만 간다. "이 법당을 짓게 하여 주시오." 하고 축수만 하고
있으니, 저 언덕에 제비와 참새가 왔다가 하례만 하고 간다. 그래서 가만히
보니 옛날 그 터이다. 이 자리에 새 법당을 지어 장엄하게 꾸몄다. 질긴 나
무, 단단한 나무를 골라 자르고 다듬으니 정한 날짜에 법당 모양이 잘 갖추
어졌다. 추녀에 나는 새 그림을 그리고 단청까지 마치니 옛 모습을 일신한
자태이다. 불상도 금색으로 도금하니 찬란한 빛이 비치고 모두가 경전에서
말씀하신대로 의연한 모습이다. 화공(畵工)이 그린 불화는 사람마다 칭송
이 자자하고 그림보는 군자가 아니더라도 잘 그렸다고 입을 모은다.

대웅전   1768년 대웅전을 이전 중수하였고 지금까지 그 장엄한 모습을 지니고 있다. 원래 자리로 보이는 비로전 오른쪽에서 초석 등이 발견되고 있다.

이렇게 해서 자리를 옮겨 신축한 대웅전은 오늘날까지 그 장엄한 모습을 지니고 있다. 그런데 위의 내용처럼 원래의 법당 자리는 다른 곳에 있었다고 하는데, 현재의 비로전 오른쪽의 밭 터에서 초석이 발견된 것으로 보아 그 위치를 추정할 수 있다. 법당 신축과 함께 삼세불상과 관음상을 옮겨 새로 도금하였고, 영산회상도로 짐작되는 불화를 봉안하는 등 이 때의 중창은 대규모의 불사였다.

이후 백여 년이 지나 1899년(광무 3)에 비로자나불상을 개분(改粉)하고 비로전을 중수하였으며, 1927년에도 한 차례의 중수가 있었다. 근대에 들어 1940년에 칠성탱화를 봉안하였고, 1967년에는 칠성각과 요사를 새로 지었다. 1975년에는 비로전을 중수하였으며 1979년에는 비로전의 후불탱화를 봉안하였다. 1980년에도 다시 비로전을 보수하는 등 최근 들어서 절에는 여러 가지의 불사가 계속되었는데, 그것을 간단하게 표로 나타낸다.

각연사의 최근 연혁

년 도	주 요 사 항
1987년	동종 봉안.
1988년	신중탱화 조성. 경내 축대 보수.
1989년	진입로 포장. 선원, 요사 등 신축기공. 칠성 · 산신 · 독성 등의 탱화 조성.
1991년	전기 가설. 진입로 포장.
1992년	선원, 요사 등 완공.
1993년	비로전과 대웅전 기와불사. 통일대사탑비 보수. 중단탱화 봉안.
1994년	대웅전 극락회상도 봉안
1996년	삼성각 · 종각 신축.

☯ 성보문화재

각연사의 가람은 대웅전을 중심으로 비로전과 삼성각, 종각, 그리고 2채의 요사로 이루어져 있다. 오랜 역사 동안 여러 차례의 중수가 거듭되면서 많은 성보가 생겨났다가 사라지기를 거듭하였다. 전각과 함께 절을 대표하는 성보는 비로자나불상과 통일대사탑비, 부도 등이다. 이밖에도 경내 입구에 수조(水槽)와 옥개석, 동쪽 산자락에 선적당탑(善跡堂塔) 등의 석조 문화재가 있다.

대웅전 삼존불상

❀ 대웅전

　대웅전은 앞면과 옆면 각 3칸의 맞배지붕 건물이다. 절의 대웅전은 원래
다른 곳에 있었으나 1768년(영조 44)에 이전, 중수하면서 지금의 자리가
계속 이어지고 있다. 대웅전 앞 잘 다듬은 장대석의 계단도 이 무렵에 옮겨
온 것 같다. 안에는 석가불을 주존으로 관음보살과 지장보살이 협시한 삼
존상을 봉안하였는데, 1982년까지만 해도 석가 · 아미타 · 약사의 삼세불을
모셨었다. 그래서인지 삼존상의 뒤에는 석가 · 아미타 · 약사불의 삼세불
탱화가 그대로 있다. 양쪽 벽면에는 극락회상도와 신중탱화를 각각 봉안하
였다. 한편 대웅전에는 달마상이라 부르는 흙으로 빚은 상이 있는데, 창건
설화에 등장하는 유일대사상이라 하기도 한다. 언뜻 보면 일반적인 나한상
의 모습과도 흡사한데 머리에는 승복과 연결된 두건을 썼고, 손은 무릎 위
에 가지런히 얹어 단장을 들고 있다. 절에서 부르는 것처럼 달마상이라 하

기에는 상호가 일반적인 달마의 모습과는 많이 다르다. 아마도 창건설화에 입각해서 조성한 유일대사상으로 보는 것이 옳을 듯하다.

✿ 비로전

비로전은 각연사의 중심이 되는 전각으로 앞면과 옆면 각 3칸의 팔작지붕 건물이다. 신라 하대의 창건 때부터 있어 왔을 것이나 여러 차례의 중수를 거쳤고 지금의 건물은 1648년(인조 26)과 1655년(효종 6)의 중수를 기본 골격으로 1980년에 보수한 모습이다.

기둥은 약간의 배흘림이 있고 포작은 다포식으로 내외2출목이다. 내부는 약 30평 정도인데 바닥은 원래 전돌로 깔려 있었으나, 지금은 우물마루로 보수된 모습이다. 한편 1981년에 비로전 뒤쪽의 석축을 보수하는 과정에서 잘 다듬은 장대석과 신라 말 고려 초의 것으로 보이는 와당이 출토되기도

비로전   17세기의 중수를 기본으로 1980년에 보수하였다. 안에는 석조비로자나불상을 중심으로 후불탱화와 신중탱화 등을 봉안하였다.

하였다.

안에는 보물 제433호인 석조 비로자나불상을 중심으로 후불탱화와 신중탱화, 1987년 조성의 동종, 그리고 1898년에 제작된 「연풍보개산 각연사비로전 개분불사기」·「비로전중수기」 등의 현판이 있다.

⊗ 석조 비로자나불좌상

비로자나불상은 신라 하대 9세기 후반의 빼어난 불상으로 전체 높이는 302cm이다. 불상과 광배, 좌대가 완전한 형태를 갖추고 있다. 불상의 머리 위에는 널찍한 육계가 있고 이마에는 백호가 생략되었다. 가지런한 눈썹과 지긋이 감은 듯한 눈, 오똑한 코, 꽉 다문 입 등의 상호는 전체적으로 준엄한 인상이다. 다만 양 귀를 길게 늘어 뜨려 경직된 인상을 완화시키고 있다. 법의는 우견편단으로 왼쪽 어깨에서 팔을 거쳐 자연스레 하체까지 덮었다. 석조이면서도 이 만큼의 부드러운 조각 솜씨는 예사 장인의 손길이 아닌 듯하다. 특히 왼손 엄지손가락을 살며시 감싼 오른손 등의 지권인은 살아 있는 듯 섬세하고 사실적이다. 한 가지 아쉬운 점은 불상에 색을 칠해서 불상이 지니는 긴장감과 경건함을 떨어뜨리고 있다는 것이다.

불상의 전체를 감싸고 있는 광배는 위가 뾰족한 보주형(寶珠形)이다. 광배의 표면에는 모두 9구의 화신불을 조각하였다. 불상의 머리 위에 3구, 그 아래 좌우에 각각 3구씩의 합장한 화신불이다. 공통적으로 원형의 광배를 지니고 연화대좌 위에 앉아 있는 모습이다. 화신불 사이의 여백은, 두광 부분은 홑겹의 연꽃문양 8판을 두었고 그 바깥에는 구름 문양을, 다시 윤곽에는 생생한 불꽃 문양을 나타냈다. 광배의 뒷면에는 대체로 명문이 있을 법하지만 그 대신에 세련된 형태의 불감을 새겨 넣었다. 흔히 가마〔輦〕로 보기도 하지만, 불상의 광배에 가마를 조각한다는 것이 의궤에 맞지 않고 또 그 형태가 가마와는 거리가 멀다. 즉 석등의 대좌와도 같은 복련(覆蓮)대좌

통일대사비

귀부와 비신 그리고 이수를 모두 갖춘 완형의 비이다. 다만 비문은 대부분 마멸되어 260자 정도만이 해독된다. 충청북도 유형문화재 제2호.

를 아래에 두고 정사각형의 틀을 마련하였다. 그 위에 네 겹의 부드러운 곡선으로 가리개 장식을 표현하였고 양옆에는 대칭적으로 꽃문양을 장식하였다. 불감의 맨 위는 불꽃 문양의 보주를 사실적으로 새겼다. 전체적으로 보아 가마라기보다는 대좌 위에 불상이 안치되고 그 위로 가리개를 두는 불감의 형태로서 아주 희귀한 유례이다.

불상을 받치고 있는 대좌는 지대석과 하대석, 연화대석, 중대석, 상대석을 모두 갖추었다. 지대석은 사각형으로 하나의 돌이다. 하대석은 팔각인데 각 면에 안상(眼象)이 있어 4면은 향로, 2면은 비천상, 나머지 2면은 꽃 문양이다. 그 위는 연화대석으로 8판의 연꽃을 새겼는데, 각 모서리에는 산 형문(山形文)의 귀꽃을 두었다. 중대석 역시 팔각으로 투박한 구름 문양이 가득하다. 각 면의 중심에는 사나운 형상의 동물 얼굴을 조각하였으나 한 면만은 연꽃 봉오리로서 마치 연꽃으로 상징되는 불법을 수호하는 듯한 느 낌이다. 상대석은 하나의 돌에 2단의 연꽃을 어긋나게 양각하여 불상을 받 치고 있다.

이 비로자나불상은 신라 하대의 여러 불상들 가운데 우수한 예에 속한다. 더욱이 광배와 대좌까지 갖춘 완전한 모습으로서 세부의 조각은 강직함과 유연함이 잘 조화된 빼어난 솜씨이다.

✽ 삼성각

삼성각은 대웅전의 왼쪽 뒤편에 자리잡은 앞면 3칸, 옆면 2칸의 맞배지 붕 건물이다. 1996년에 종각과 함께 새로 지었는데 아직 단청을 하지 않은 모습이다. 안에는 칠성탱화를 중심으로 독성탱화와 산신탱화를 양옆에 봉 안하였고, 그 앞에 독성상과 산신상을 두었다.

✽ 통일대사탑비

절에서 동남쪽의 보개산 계곡을 1km쯤 올라 가면 소나무 우거진 평탄한 대지에 통일대사탑비가 있다. 통일대사의 속성은 김씨로 선조는 계림인(鷄 林人)이다. 고려 초에 중국에 유학하고 돌아와 왕실에서 불법의 진리를 강 론하는데, 대사의 법문을 듣고자 각지에서 사람들이 구름같이 몰려 들었다 고 한다. 대사가 입적하자 960년(광종 11) 무렵에 왕이 통일대사라는 시호를 내리고 한림학사 김정언에게 비문을 짓도록 명하여 탑비가 세워진 것이다. 김정언은 당대의 명문장가로서 옥룡사 동진대사탑비(958년)를 찬술하기도 했었다.

탑은 전체 높이 470cm로서 귀부(龜趺)와 비신(碑身), 이수(螭首)를 모두 갖춘 완형이다. 다만 비문은 대부분 마멸되어 3,500여 자 가운데 260자 정도만이 드문드문 남아 있다. 화강석으로 된 귀부는 아무런 장식이 없는 육각의 귀갑문으로 덮였고, 투박한 용머리는 여의주를 물고 있다. 귀부의 등에 얹은 비좌는 양옆에 안상이 있고 윗면에는 복련을 새겼다. 비신을 화강석으로 마련하였기 때문에 음각의 비문은 남아 있는 글자조차 판독이 쉽지 않다. 이수는 비신과 맞닿는 아래면에 2단의 받침을 두었고 앙련을 새겼는데 사면의 용조각은 살아 있는 듯 사실적이다.

전체적인 양식에 있어서는 같은 시기에 건립된 홍녕사 증효대사보인탑비(944년)나 봉암사 정진대사원오탑비(965년)와 같은 맥락으로 고려 초의 웅건하고 직선적인 탑비의 경향을 그대로 간직한 우수한 예이다.

⍟ 통일대사부도

통일대사탑비에서 동쪽으로 약 30분쯤 오르면 산비탈의 능선에 부도가 있다. 신라 하대의 전형적 팔각원당형 부도로 상륜부가 없어졌지만, 지대석과 중대석, 탑신, 옥개석을 갖춘 비교적 완전한 형태이다. 얼마 전까지만 해도 부도는 무너져 있었고, 중대석은 도괴된 채 남쪽 계곡에 버려져 있었으나, 최근에 모두 수습하여 복원하였다. 부도의 주인공은 밝혀져 있지 않지만 양식상으로 고려 초로 추정되고 또 멀지 않은 곳에 통일대사의 탑비가 있는 것으로 보아 같은 인물로 추정된다.

부도의 전체 높이는 중대석까지 포함해서 약 250cm에 이른다. 지대석과 안상석(眼象石)은 하나의 석재이다. 그 위에 복련석(覆蓮石)이 놓였는데,

16개의 이중 연꽃잎이 굵직한 선새김으로 표현되고, 팔각의 모서리에는 귀꽃이 있다. 복련 위로 2단의 받침과 1단의 괴임을 두어 탑신을 받치는 하대석의 역할을 한다. 중대석 역시 팔각으로 앙련위에 2단의 받침과 1단의 괴임을 새겼다. 탑신은 비교적 단순한 형태로 각 면마다 우주(隅柱)를 나타냈고 앞뒤의 정면에만 장방형의 문비(門扉)를 조각하였다.

옥개석은 탑신과 맞닿는 아래면에 4단의 받침을 두

통일대사부도

었다. 팔각의 낙수면에는 끝에서 살짝 치켜 올라 가는 합각머리를 나타냈다. 옥개석의 정상에는 16개의 연꽃문양을 두르고 다시 그 중앙에는 8개의 연꽃 문양을 새겨 맨 위의 상륜부를 감싸 안은 모양이다. 상륜부는 남아 있지 않아 그 형태를 알 수 없으나, 아마도 옥개석의 연꽃 모양으로 보아 보주의 형태를 지녔을 것이라 짐작된다. 중대석은 최근에 근처에서 수습하였으므로 인근을 정밀조사하면 상륜부도 찾을 수 있지 않을까 기대해 본다. 전체적으로 통일대사부도는 신라 하대의 전형적 팔각원당형의 부도를 계승하면서 웅건하고 단아한 고려 초의 문화를 잘 반영하고 있다.

한편 부도 앞에는 배례석의 모습을 한 장방형의 화강석이 있다. 사방에 안상을 새기고 위에는 8개의 연꽃문양을 둥글게 새긴 것으로 보아, 사람이

석조귀부　힘차게 움켜진 앞손가락과 잔뜩 힘을 주고 긴장을 하고 있는 뒷발가락은 언제라도 땅을 밀어내고 앞으로 나아갈 듯한 생명력을 갖고 있다.

배례하는 용도가 아니라 제를 지낼 때 꽃이나 제물을 놓는 상석(床石)으로 보는 것이 옳다.

✿ 석조귀부와 옥개석

비로전에서 동쪽으로 약 200m 떨어진 밭에 귀부가 있고, 경내 입구에 옥개석과 수조 등의 석조물이 있다. 귀부는 비석을 얹었던 비좌(碑座)와 귀신(龜身), 그리고 지대석이 남아 있다. 지대석은 방형으로 별다른 장식이 없다. 귀신은 6각의 귀갑문을 큼직하게 두고 그 안에 세밀하게 연꽃 문양을 두 줄씩 두른 후 4개의 연꽃 잎을 양각하였다. 용두는 별개의 돌로 조각하여 조립한 듯 지금은 사라지고 그 구멍만이 남아 있다. 귀부의 네 발은 크고 굵게 표현하였는데, 3개씩의 발가락이 인상적이다. 비좌는 구름 문양으로 사방을 두르고 그 위에 작은 안상을 두었다.

귀갑문을 크게 하여 그 내면을 장식하는 유례는 신라 하대부터 고려 초기에 이르는 여러 귀부에서 나타난다. 따라서 이 귀부의 조성시기를 추정할 수 있는데, 특히 구름 문양이나 안상의 조각은 신라 양식에 가깝다. 즉 이 귀부는 960년에 조성된 통일대사탑비보다 연대가 앞선 것으로 볼 수 있다.

 옥개석은 팔각인데 아래로 내려 가면서 약간의 전각이 있고 미약하나마 끝에서 살짝 반전되었다. 윗 면에는 3단의 받침을 두고 그 위에 꽃문양이 있는 장구 모양의 복발을 얹었다. 이 옥개석은 부도의 한 부분으로 사용되었던 것으로서 고려 초로 추정된다. 따라서 귀부와 연결지어 생각한다면 고려 초에 입적한 각연사 고승의 부도이고 위의 귀부는 이 고승의 탑비라 짐작된다.

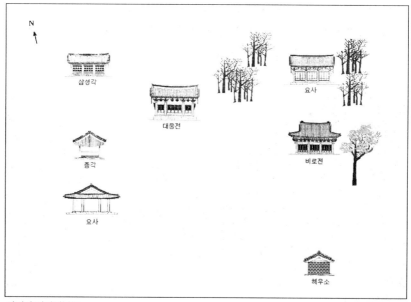

각연사 가람배치도

개심사

🌓 위치와 창건

개심사(開心寺)는 괴산군 괴산읍 동부리 428번지 대미산(大尾山)에 자리한 대한불교조계종 제5교구 본사 법주사의 말사이다.

개심사 연혁에 대해서는 현재 거의 알려져 있지 않은데, 다만 절에 있는 「개심사기」 현판을 통해서 그 역사를 살펴 볼 수 있다. 「개심사기(開心寺

개심사　　대미산 자락에 자리하고 있으며 1935년 창건되어 몇번의 중수를 거쳐 오늘에 이른다.

記)」는 1935년 보학(寶學)이 쓴 것으로서, 여신도인 김경림(金瓊林)이 절에 10여 칸의 법당을 시주한 것을 기리고 있다. 이 내용은 절에서 전해오는 창건에 관한 이야기, 곧 괴산읍 칠성면 두천리에 있던 도덕암(道德庵)이 폐사됨에 따라 현재의 개심사 자리에 전각을 짓고 불상 2체를 옮겨왔다는 말과 일치되기도 한다. 「개심사기」에는 이어서 김경림의 시주 이후 긍허(亘盧)스님이 절에 주석하면서 인근의 신도들을 중심으로 절이 발전했다고 기록되어 있다.

따라서 절의 창건을 1935년 무렵으로 볼 수 있으며, 그 뒤 몇 번의 중수를 거쳐 오늘에 이르고 있다.

현재는 한국전쟁 이후에 지은 법당을 해체하고, 지금의 요사가 있는 곳에 새로운 법당을 지을 계획으로 불사가 한창이다.

☯ 성보문화재

현재 절에는 대웅전 · 삼성각 · 종각 · 요사 3채가 있다.

대웅전은 맞배지붕에 앞면 3칸, 옆면 2칸의 규모로서 1950년대에 지은 건물이다. 안에는 아미타불상을 중심으로 관음 · 세지보살이 협시한 삼존상과 지장상 · 금강예적상이 있고, 그 밖에 후불탱화 · 지장탱화 · 신중탱화 및 동종이 있다.

아미타삼존상은 목조인데, 그 가운데 아미타불상과 관음보살상은 도덕암에서 옮겨온 조선시대 불상으로서 충청북도 유형문화재 제173호로 지정되어 있다. 세지상은 근래에 별도로 조성했다. 본래는 아미타상 · 관음보살상과 함께 조성되었던 세지상 및 또 다른 후불탱화가 있었으나 언제인가 없어졌다고 한다.

삼성각은 사각지붕에 앞면과 옆면 각 1칸의 건물이며, 1990년대 초에 새

대웅전 목조아미타삼존불상   아미타여래상과 관음보살상은 조선시대 후기의 수작으로 원만하며
정제된 상호를 갖추고 있다.

로 지었다. 안에는 치성광여래상·독성상·산신상과 칠성탱화·독성탱
화·산신탱화·현왕탱화가 있다.

　요사 3채 중 팔작지붕에 앞면 6칸인 건물이 1935년의 창건 당시 인법당
으로 사용되었던 전각이다. 앞면 처마 밑에 앞서 말한「개심사기」현판이
걸려 있다.

　그 밖에 절 경내에는 진신사리 3과가 봉안되었다는 오층석탑 및 불사리
탑 연기문이 있다.

❀ 개심사 목조아미타여래좌상과 목조관음보살좌상

　각부 조각과 단아한 양식 수법이 조선 후기의 수작으로서, 보존 상태가
양호하다.

　목조아미타여래좌상은 나발의 머리와 상호(相好)가 정제되어 원만하며

백호(白毫)를 갖추고 있다. 목에는 삼도가 뚜렷하며, 통견(通肩)인 불의는 조선시대 특유의 양식으로 손목에서 두껍게 표현되었다. 무릎의 의문(衣紋)도 두툼하여 안정감을 주고 있다. 수인(手印)은 오른손을 들고 왼손을 내려 설법인을 맺고 있다. 높이는 85㎝이다.

관음보살상은 머리에 화사한 보관을 쓰고 있다. 상호는 원만하며 이마에 백호가 있는데, 아미타여래좌상과 마찬가지로 상호가 정제되어 목에 돌려진 삼도와 어울리며 자비스런 모습을 보인다. 통견으로 입은 불의는 두툼하면서도 유려하여 조선시대 작품으로는 우수한 것으로 평가된다. 높이는 72㎝이다.

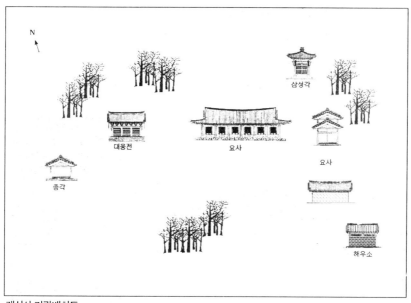

개심사 가람배치도

공림사

☯ 위치와 창건

괴산군 청천면 사담리 산11번지 낙영산(落影山) 아래에 자리하고 있는
공림사(公林寺)는 이 지역의 대표적 명찰 가운데 하나로서 대한불교조계
종 제5교구 본사 법주사의 말사이다.

유구한 역사와 낙영산의 빼어난 절경, 그리고 최근까지 진행된 각종 불사

공림사   낙영산의 빼어난 절경 아래 최근의 불사로 단아한 모습을 지니고 있어 많은 참배객들에게
더없는 평안함을 주고 있다.

로 정비된 도량의 단아한 모습은 이곳을 찾는 참배객들에게 더없는 평안함을 선사해 주고 있다. 비록 잦은 병화로 인하여 옛 가람의 면모는 대부분 사라져 버리고 말았지만, 공림사가 조선 초기까지 자은종(慈恩宗)을 대표하는 사찰이었다는 사실 하나만 보더라도 이 사찰이 지니고 있는 역사적 중요성은 충분히 짐작할 수 있다.

공림사의 창건 연기에 대해서는 먼저 「낙영산공림사사적비(落影山空林寺事蹟碑)」에 실려 있는 내용을 주목해 볼 필요가 있다. 1688년(숙종 14)에 경일(敬一)스님이 찬술한 이 비는 공림사 역사를 기술하고 있는 현존 최고의 자료이기 때문이다. 특히 이 사적비는 지금도 사찰 경내에 세워져 있어 자료적 가치를 한층 더해주고 있다.

그러면 사적비의 내용 가운데 창건 연기와 관련된 부분을 그대로 옮겨 보도록 한다.

옛날 신라 경문왕(景文王) 때에 고승 자정(慈淨)이 있었는데, 그는 도덕과 탁월한 수행력으로 널리 이름을 떨치고 있었다. 왕도 그의 명성을 듣고 흠모하다가 그에게 가서 국사(國師)로 모시고 아울러 「벽상삼한삼중대광(壁上三韓三重大匡)」의 자리를 더해 주었다. 그러나 스님은 그 자리를 하찮게 여기고 자리에서 물러나 이곳에 띠로 이은 집을 짓고 숨어 살았다.

왕이 그 같은 내용을 전해 듣고는 보방(寶坊, 사찰을 말함)을 지어 주었으며, '공림사(空林寺)'라는 사찰 이름도 내려 주었다. 이후 중국 명(明)나라 건문(建文) 연간에 이르러 함허당(涵虛堂) 득통화상(得通和尙)이 자정스님의 자취를 흠모하면서 법당과 여러 요사 등을 새로 짓고 면모를 일신하니 사람들이 '함허의 도량'이라고 부르게 되었다.

「낙영산공림사사적비」에 실려 있는 위의 내용에 의하면 공림사의 창건 시기는 신라 경문왕(861~875) 때이며, 창건주는 자정스님이었다는 점을

공림사 사적비

알 수 있다. 그리고 1742년에 찬술된 「공림사중수기」를 비롯하여 현재까지 이 창건설은 그대로 전승되고 있는 상태이다. 하지만 이 사적비의 내용에는 몇 가지 의문점이 보인다. 우선 '자정(慈淨)' 스님과 관계된 문제를 들 수 있는데, 아직까지 자정이라는 이름의 신라 승려는 그 어떤 자료에도 보이지 않고 있다.

한국불교사 전체를 통해 자정이라는 법명·법호·시호 등을 가졌던 국사는 자정국사 미수(慈淨國師彌授, 1240~1327)가 유일하다. 하지만 그는 고려 말에 활동했던 인물로서 신라 경문왕 때에 존재했다고 하는 자정과는 시기가 맞지 않는다. 그런데 자정국사 미수와 관련한 내용을 검토해 보면 공림사의 사격(寺格)과 상당한 유사점이 보이고 있어 무척 흥미롭다. 뒤에서 다시 서술하겠지만 공림사는 자은종의 대표적인 사찰이었는데, 자정스님 역시 고려 말의 대표적 자은종 승려였던 것이다. 그리고 지금 법주사에 남아 있는 그의 비문 내용 가운데 1313년(충선왕 5) 「대자은종사삼중대광양가대승통(大慈恩宗師三重大匡兩街大僧統)」에 임명되었다는 글귀가 있는데, 여기서 '삼중대광'은 위의 사적비 내용에서도 그대로 보이고 있는 표현이다. 또한 그에게 내려주었다는 '벽상삼한'이라는 호칭은 보통 고려 왕조의 개국공신이나 그 자

일주문

손들에게 내려 주던 것이었음도 주목할 필요가 있다. 따라서 사적비에 공림사의 창건주로 소개되어 있는 자정스님은 바로 고려 말의 자정국사 미수스님을 가리켰을 가능성이 커 보인다.

하지만 공림사의 정확한 창건 시기가 언제인지, 또는 자정국사가 공림사의 창건주인지 아니면 중건주인지 등의 문제에 대해서는 앞으로 보다 다양한 연구를 통해 밝혀 나가야 할 과제로 보인다. 여하튼 자은종과의 관계, 그

석조
요사 뒤편 마당에 있으며 아직까지 옛 모습대로 사용되고 있다.

리고 법주사와 공림사의 지리적 연계성 등으로 볼 때 고려 말의 자정국사 미수와 공림사와의 관계는 역사적 사실에 가까운 것으로 보아도 무방할 듯하다.

창건주와 관련한 문제와 함께 공림사의 사찰명 표기에 대해서도 다소의 혼란이 있어 왔다. 자료에 따라 '空'과 '公'이 서로 다르게 표현되어 왔기 때문이다. 먼저, '空'자를 표기하고 있는 자료로는 『신증동국여지승람』을 비롯하여 『범우고(梵宇攷)』·『가람고(伽藍考)』 등을 들 수 있으며, 위에서 소개한 사적비에서도 이를 따르고 있다. 아울러 현대에 간행된 일부 자료에서도 '空'자를 쓰고 있다. 하지만 현재 사찰측에서는 '公'자를 사용하고 있는데, 그 가장 오래된 자료로는 『조선왕조실록』 태종 7년 12월 2일조의 기록을 들 수 있으며, 「공림사중수기」와 일제강점기 때의 자료에서도 '公'자를 쓰고 있다. 실록의 기사가 가장 오래된 공림사 관련 기록이라는 점을 감안한다면 공림사의 사찰명 표기는 현재대로 '公林寺'로 하는 것이 더욱 타당할 듯하다.

◑ 연혁

창건 이후의 공림사 역사를 체계적으로 전하고 있는 자료는 찾아 보기 어렵다. 앞서 소개한 「낙영산공림사사적비」가 거의 유일한 자료이지만, 그나마 사적비를 건립한 1688년 이전까지의 기록만 전하고 있을 뿐이어서 아쉬움이 남는다. 비록 단편적 내용이 대부분이나마 각종 자료를 종합하여 공림사의 연혁을 정리하면 다음과 같다.

공림사의 연혁

연　　대	주　요　사　항
신라 경문왕대(861~875)	자정국사가 수행하던 곳에 경문왕이 사찰을 건립해 주었으며 공림사라는 사찰명도 내려주었다고 함(?).
1399년~1402년	함허당 득통화상이 법당과 여러 채의 요사를 건립하는 등의 대규모 중창 불사를 이룩함.
1407년(조선 태종 7)	자복사(資福寺)를 명찰(名刹)로 교체하라는 조정의 명에 따라 자은종 소속의 공림사도 자복사로 지정됨.
1457년~1464년	세조대왕이 이 곳에 들러 참배함. 왕이 부처님께 절을 올린 장소가 사적기를 지을 무렵까지 남아 있었다고 함.
16세기 초반	『신증동국여지승람』을 편찬하는 과정에 현존 사찰로 분류되어 수록됨.

1592년(선조 25)	임진왜란으로 사찰 전체가 불에 탔으나 대웅전은 화를 면함. 왜군들이 쏜 탄흔과 화살의 흔적이 17세기 후반까지 그대로 남아 있었다고 함.
1688년(숙종 14)	「낙영산공림사사적비」를 건립함. 사적비의 글은 경일(敬一)스님이 짓고 허암(虛庵)스님이 썼으며, 조영(祖瑛)스님이 돌에 새김.
1720년(숙종 46)	여러 곳에서 재물을 모아 중창 불사를 진행함.
1727년(영조 3)	비구니 도형(道炯)스님이 불상에 도금을 하고 영산회상도 등의 불화를 그렸으며, 아울러 대웅보전의 단청도 함. 이 때의 중창 과정에 쓰여진 금과 채색 물감 등은 중국으로부터 들여 왔다고 함.
18세기 중반	『가람고』를 편찬하는 과정에 현존 사찰로 분류되어 수록됨.
1742년(영조 18)	공림사 수민(守敏)스님의 부탁으로 우제(雨霽)스님이 「공림사중수기」를 지음.
1776년(정조 1)	범종을 조성하여 봉안함.
1799년(정조 23)	『범우고』를 편찬하는 과정에 현존 사찰로 분류되어 수록됨.
1912년	일제가 시행한 30본말사법에 의해 법주사의 산외말사로 등록됨.
1940년	산신도와 독성도를 봉안함.
1950년	한국전쟁으로 인하여 사찰 대부분이 불에 탐.

1965년	삼주스님이 극락전(현 대웅전)과 요사 1동을 건립함.
1979년	극락전의 금동아미타여래좌상에 대한 개금 불사를 진행함.
1981년	탄성(呑星)스님의 주관으로 대대적인 중창 불사를 시작함.
1983년	대웅전에 신중탱화를 조성하여 봉안함.
1985년	삼성각에 칠성탱화, 산신탱화, 독성탱화를 조성하여 봉안함.
1987년	범종을 새로 조성하여 봉안함.
1993년	주지실과 주지실 옆의 요사를 건립함. 적광탑과 석가탑을 건립하고 관음전의 감로탱화도 조성하여 봉안함.
1994년	13년 동안 진행된 대규모 중창 불사를 회향함.

이상이 각종 자료를 종합하여 정리한 공림사의 연혁 내용이다. 오래된 역사에 비해 매우 소략한 내용이라고 할 수 있겠으나, 그나마 조선시대 이후의 역사가 일부 전하고 있어 사찰 역사를 이해하는 데 많은 도움을 주고 있다.

공림사의 창건 시기 및 창건주에 대한 의문점은 앞서 설명한 바 있으므로 더 이상의 서술은 생략하기로 하겠다. 다만 고려 말의 자은종 소속 고승인 자정국사 미수는 창건주 여부와 관계없이 공림사와 밀접한 관계를 가졌던 인물임이 분명해 보이므로 앞으로 이 점에 대한 연구가 보다 활발하게 진행될 필요가 있어 보인다. 그러면 공림사의 연혁 가운데 주목해 볼만한 내용 몇 가지를 상세하게 살펴보도록 하겠다.

득통스님의 중창 이후 절은 조정에 의해 자복사로 지정되어 역사와 사세를 모두 인정받는 사찰이 되었다.

공림사는 창건 이후 함허 득통(涵虛得通, 1376~1433)스님에 의해 크게 중창된다. 조선 초기의 대표적 고승이었던 득통스님이 건문(建文) 연간 (1399~1402년)에 법당과 여러 요사 등을 건립하는 중창 불사를 진행했던 것이다. 이 때문에 당시 사람들은 공림사를 '함허의 도량'이라고까지 부르게 되었다고 한다. 공림사와 자정국사 미수와의 관계를 인정한다면, 이 도량은 약 100여 년만에 새롭게 정비된 셈이다. 특히 이 시기는 본격적 불교 탄압이 막 시작되려는 시점이었기 때문에 이같은 대규모 중창이 갖는 역사적 의의는 대단히 크다고 하겠다. 득통스님은 조선 초기 불교를 수호한 대표적 호법승(護法僧)으로 평가되고 있으므로, 그의 공림사 중창은 단순한 사찰 중창의 범주를 벗어나는 의의를 지니고 있기 때문이다.

득통스님의 중창 직후 공림사는 조정에 의해 자복사(資福寺)로 지정되었다. 조선 왕실은 불교 탄압을 위해 대규모 사찰 혁파 작업을 시행해 나갔는데, 그 과정에서 자복사라는 사찰을 별도로 지정하는 일을 하였다. 왕실에서 공인하는 사찰들을 지정함으로써 여타 사찰들의 존립 근거를 박탈하기 위한 조치였던 것이다. 그런데 이 과정에서 약간의 문제가 발생하게 된다. 1406년에 지정된 자복사 가운데 역사성이 떨어지거나 이미 폐사된 사찰을 자복사로 지정하였다는 문제점이 일부 대신들에 의해 제기되었던 것이다. 태종(太宗)은 이같은 문제 점을 인식하고, 1407년 12월 2일 자복사를 대규모로 교체하는 조치를 단행하였다. 공림사는 바로 이 과정에서 새롭게 자복사로 지정되기에 이른다. 자은종에 소속된 17개 자복사의 하나로 지정되었던 것이다. 비록 이 조치는 불교 탄압이라는 명분 속에 진행된 불합리한 것이었지만, 공림사가 이때 자복사로 지정된 것은 당시 관료들이 공림사의 역사적 중요성을 인정하고 있었다는 또 다른 의미로 받아들일 필요가 있다.

　공림사의 자복사 지정은 공림사 역사를 이해하는 과정에 반드시 중시되어야 할 사항이다. 위에서 언급하였듯이 자복사는 사찰의 역사성과 당시

감인선원　도량의 대부분은 지난 1981년부터 진행된 불사에 의해 신축되어 대표적인 유식도량으로서의 면모를 되찾아가고 있다.

부도 전각을 비롯한 대부분의 문화재는 근래에 조성된 것이며 이외 오층석탑과 삼층석탑이 있다. 삼성각 오른쪽 30미터 지점에 조선시대 부도 2기가 있다.

사세(寺勢)를 고려한 기준에서 선정된 사찰이었기 때문이다. 따라서 공림사는 조선 초기까지 역사와 사세 모두를 인정받는 명찰이었음이 확인된 셈이다. 또한 공림사의 신앙적, 사상적 전통도 자복사 선정 과정을 통해 확연히 살펴볼 수 있다. 공림사는 자은종 소속 사찰 17개 가운데 하나로 지정되었음이 『조선왕조실록』에 밝혀져 있기 때문이다. 자은종이 언제부터 독립된 종파로 존재하고 있었는지는 불분명하지만 유식(唯識)사상을 전문적으로 연구하고 수행하던 종파였음은 분명하다. 그리고 자은종의 명칭이 고려 말부터 조선 초기까지 집중되어 나타나고 있는 것으로 보아 이전에 있었던 유가업(瑜伽業), 즉 유가종이 자은종으로 명칭을 바꾸었을 가능성이 높아 보인다. 여하튼 공림사는 오랫동안 유식사상을 연구하고 수행하던 대표적 유식도량이었다는 점을 확인할 수 있다.

득통스님의 중창 이후 15세기 중반에는 세조대왕의 행차 사실이 전하고 있다. 조선시대 가장 대표적인 호불(護佛) 군주였던 세조의 행차는 사적기에 기록되어 있는데, 사적기를 작성한 경일스님은 세조가 부처님께 절을 했던 장소에 대해서 특별하게 기술하기도 하였다. 자복사로서의 위상과 세조와 같은 군주의 관심을 받으면서, 비교적 뚜렷한 사세를 유지하고 있던 공림사는 임진왜란으로 큰 수난을 겪게 된다. 왜군들이 이곳까지 습격하여 사찰 전체를 불에 태우는 만행을 저질렀던 것이다. 하지만 사적기에는 때마침 불어 온 바람에 의해 다행히 대웅전만은 화를 면할 수 있었다고 적혀 있다.

조선 중기의 연혁 중에서는 1720년부터 진행된 중창 불사가 주목된다. 특히 이 때의 중창을 마무리한 인물로 보이는 비구니 도형스님은 중국으로부터 각종 물자를 수입하여 불사를 진행하였다고 하는데, 이같은 사실은 「공림사중수기」에 기록되어 있다. 하지만 임진왜란의 화를 면했다고 하는 대웅전과 이 때의 중창 과정에서 단장을 새롭게 한 각종 전각과 불상, 불화 등은 지금 모두 찾아 볼 수 없게 되어 버렸다. 한국전쟁 때 사찰 전체가 불에 타버리는 화를 입었기 때문이다. 지금의 공림사 도량은 대부분 지난 1981년부터 진행된 불사에 의해 새롭게 꾸며진 것들이며, 이제 그 불사가 마무리됨으로써 대표적 유식도량으로서의 면모를 되찾아 가고 있는 중이라고 하겠다.

☙ 성보문화재

현재 절에는 대웅전을 비롯해서 관음전·삼성각·범종루·일주문·요사 및 '감인선원(堪忍禪院)'·'선심당(禪心堂)'으로 부르는 선원 건물 등이 있다. 전각을 비롯한 대부분 성보문화재가 근래에 조성 봉안되었으므로

대웅전 근래에 조성된 팔작지붕의 건물로, 안에는 석가삼존불상과 함께 각각의 삼존상 뒤에 1점씩의 후불탱화를 봉안하였다.

역사가 오래된 것은 많지 않다.

전각 외에 근래에 조성한 오층석탑·삼층석탑이 있는데 각각 적광탑·석가탑으로 불리운다. 그리고 요사 툇마루에 1776년(영조 52)에 조성한 범종 하나가 있으며, 삼성각 오른쪽 30미터 지점에 조선시대의 부도 2기가 있다.

또한 1688년(숙종 14)에 처음 짓고, 1701년에 마무리 한 「낙영산공림사사적비」는 선원 건물 뒤편에 있다.

⊛ 대웅전

팔작지붕에 앞면 5칸, 옆면 3칸의 건물이다.

안에는 석가삼존불상과, 영산회상후불탱화·문수후불탱화·보현후불탱화 등 삼존상마다 각 1점씩의 후불탱화가 있다.

그 밖에 지장탱화·신중탱화가 있는데, 전부 근래에 조성한 것이다. 과거 일제강점기 때 조성한 독성탱화가 있었으나 지금은 도난당하고 없다.

✽ 관음전·삼성각

팔작지붕에 앞면과 옆면 각 3칸의 규모이며, 안에는 관음보살좌상을 비롯해서 목각 관음후불탱·목각 신중탱·감로탱화가 있다.

삼성각은 맞배지붕에 앞면 3칸, 옆면 1칸의 규모이며 안에는 칠성탱화·산신탱화·독성탱화가 조성되어 있다.

✽ 범종

요사 마루에 있는 범종으로서 1776년(영조 52)에 조성된 것이므로 공림사 성보문화재 가운데 가장 오래된 유물이다.

양식은 정상에 단룡(單龍)이 있어 철사로 종을 매달게 되어 있는데, 용의 모습은 매우 약화(略化)되었다. 상대(上帶) 위에는 아무런 입상(立狀) 장식이 없으며, 그 아래로 유곽 4개와 그 사이에 보살입상 4체가 배치되어 있다. 유곽대(乳廓帶)에 당초문이 있고 유곽 안에는 9개의 유두(乳頭)가 있는데, 유

건륭41년명 범종

좌(乳座)는 별 모양의 장식으로 되었다. 하대(下帶)는 생략된 채 얇은 돌선(突線)이 돌려졌고, 그 아래에 별도로 양각한 명문판(銘文板)을 종체에 붙였다.

명문에는 '乾隆四十一年 八月 日 忠淸左道 空林寺 鍾 百五十斤 本寺 三綱'과 뒤이어 시주자 명단이 기록되어 있다.

크기는 높이 66cm, 지름 55cm의 중종이다.

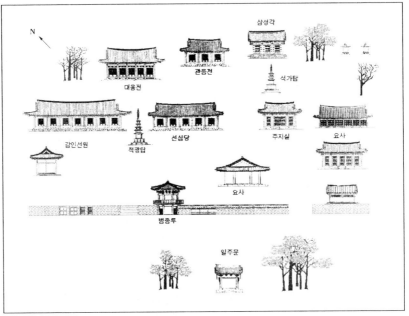

공림사 가람배치도

광덕사

☯ 위치와 창건

광덕사(光德寺)는 괴산군 도안면 광덕리 산21-2번지 보광산(普光山)에 자리하는 법화종 사찰이다. 보광산은 절 뒤의 야트막한 야산으로서, 부근의 명산인 백마산(白馬山)의 한 줄기가 된다.

절의 정확한 창건연대는 전하지 않지만 경내에 서 있는 석불입상으로 보

광덕사   한때 천광사로 불리기도 하였지만, 창건 이래 근대에 폐사되기까지의 연혁이 거의 없다.

건대 고려시대에 창건된 것으로 추정된다. 옛날에는 한때 천광사(天光寺)로도 불렸다고 전하지만, 창건 이래 조선시대까지의 연혁이 전혀 전하지 않아 더 이상의 역사를 알 수 없다.

근대에 와서는 폐사가 되었는데, 1949년 꿈에서 석불의 계시를 받은 이묘련(李妙蓮) 보살이 석불 옆에 3칸 초암(草庵)을 짓고 절을 중창했다. 그리고 이 때 이곳이 광덕리이므로 절 이름도 광덕사라 불렀다고 한다. 한편 절에서 전하기로는, '이구례'라는 사람이 대웅전과 요사를 지었다고 하는데, 이묘련 보살과 동일인물인지 아닌지는 알 수 없다. 그 뒤 1978년 무렵에 지금의 주지인 도선스님이 주석하면서 대웅전을 중수했으며 옛 요사를 헐고 지금의 새 요사를 지었다. 1996년부터는 2층으로 된 현대식 요사를 새로 짓고 있다.

☯ 성보문화재

절에는 대웅전 · 산신각 · 요사 등의 건물이 있다.

대웅전은 맞배지붕에 앞면 2칸, 옆면 1칸의 규모로서 안에는 석가불상을 중심으로 관음 · 지장보살상이 양쪽으로 협시한 삼존불을 봉안했으며, 그 밖에 후불탱화 · 신중탱화 · 칠성탱화 및 동종이 있다.

산신각은 맞배지붕에 앞면과 옆면 각 1칸의 건물이며, 안에는 독성상 · 산신상과 독성탱화 · 산신탱화가 있다.

❀ 광덕사석불입상

대웅전 앞에 서 있는 입상으로서 충청북도 유형문화재 제75호로 지정되어 있다. 이 석불은 고려 초 10세기를 전후한 작품으로 추정된다. 예로부터

석불입상

고려 초 10세기 경에
조성된 것으로 추정
되는 불상이다. 눈을
반쯤 뜨고 바라보는
석불의 모습은 위엄
이 있으면서도 자비
로운 인상을 준다. 충
청북도 유형문화재
제75호.

이곳을 '미륵당이'라고 했는데, 바로 이 석불이 있기 때문에 그렇게 불렀을
정도로 부근의 사람들에게 영험 있는 부처님으로 널리 알려졌었다. 그래서
절이 폐사가 되었을 때도 항시 신도들이 찾아와 예불 공양이 끊이지 않았
다고 한다.

불상의 양식을 보면, 두 눈썹 사이에 백호(白毫)의 흔적이 없고 두 귀는
비교적 긴 편이나 어깨에는 닿지 않고 있다. 눈을 반쯤 뜨고 앞을 바라보는

석불의 모습은 목에 돌린 삼도(三道)와 잘 어울려 위엄이 있으면서도 자비로운 인상을 주고 있다. 전체 높이는 4.8m, 불상 높이는 4m이다. 목부분에 약간의 흠이 보이는 것 외에는 보존 상태도 양호하다.

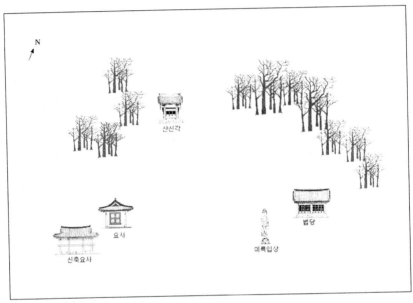

광덕사 가람배치도

미륵사

🌑 위치와 창건

미륵사(彌勒寺)는 괴산군 증평읍 송산리 산1-5번지에 자리한 법화종 사찰이다.

절은 1938년 당시 절 동쪽에 있는 미륵당의 미륵보살상 옆에 작은 암자를 세운 것에서 비롯된다. 그 뒤 한국전쟁으로 절은 소실되었으나 다시 지

미륵사　증평읍 가까이에 자리한 절은 미륵당 옆의 작은 암자에서 시작되었다. 최근 법당과 현대식 요사가 세워졌다.

금의 자리에 소규모 전각을 지으면서 절 이름을 지금의 미륵사로 불렀다.

최근에는 1990년에 법당과 3층으로 된 현대식 요사 건물을 지었다.

◑ 성보문화재

대웅전 · 미륵당과 요사 2채가 있다.

미륵당에는 석조미륵보살상이 봉안되어 있다. 조성된 정확한 연대는 알

미륵당 석조미륵보살상

대웅전 동쪽으로 조금 떨어진 곳에 세워진 미륵당이라는 보호각 안에 모셔져 있다.

수 없지만, 조성 수법으로 미루어 보아 대략 조선시대 후기로 보여지며 미륵사가 창건되기 이전부터 그 자리에 있었다.

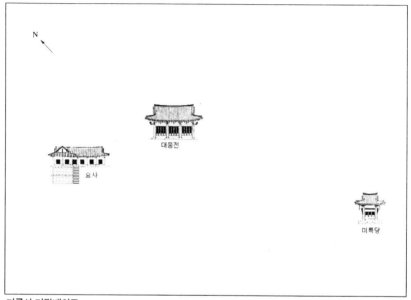

미륵사 가람배치도

백운사

🔵 위치와 창건

백운사(白雲寺)는 괴산군 사리면 소매리 산20번지 백마산(白馬山)에 자리한 선학원(禪學院) 사찰이다. 소매리 저수지 입구 도로에서 절까지는 약 3㎞ 정도의 거리이다.

절의 역사는 1967년 향토사가인 윤병준(尹秉俊)이 지은 『백운사지』를

백마산 정상 가까이에 자리한 백운사는 최근 새로운 중흥의 전기를 맞아 대대적인 불사가 진행중에 있다.

통해 알 수 있다. 이 책은 필사본 형태로서 처음 1967년에 지었다가 1979년에 다시 펴낸 것인데, 그 때까지 전해오는 절의 연혁을 모으고 나름대로 고증해서 절의 역사를 엮은 책이다.

『백운사지』에 의하면, 절은 고려시대인 1321년(충숙왕 8)에 대흥사(大興寺)라는 이름으로 창건되었는데, 실제로 대흥사 절터에서 '대흥사'라고

약사전에서 바라본 장수바위 마애약사여래입상

쓰인 기와가 발견되기도 했다 하며, 지금도 석축이 남아 있다. 그리고 대흥사 터 동쪽에 '승니골(僧尼谷)'로 부르는 곳이 있는데, 이곳은 대흥사가 법등을 밝힐 때 비구니스님들이 거주하던 곳이라고 한다.

그 뒤 조선 영조(재위 1724~1776) 때 폐사되어 오랫동안 폐허가 되었다가, 1930년에 이르러 하장우(河長雨)스님이 옛 대흥사 터에 초암을 짓고 백운사라고 했다. 1933년에는 충청남도 아산 봉국사(奉國寺)의 송제윤(宋齊潤, 1880~1955)스님이 이곳으로 와 대흥사 터에서 200m 가량 올라온 지금의 백운사 자리에 법당을 새로 지었다. 그 뒤 1960년에 화재로 절 건물이 소실되었으나 송제윤스님의 제자인 강명현(姜明鉉)스님이 곧 중건했다.

마애지장보살상

약사전 축대 아래의
바위에 새겨져 있다.
과거에는 '법당뒤 미
륵부처님'이라 불렀
다고 한다.

　현재는 약 10년 전 지금의 효각(曉覺)스님이 주석하면서 대규모 중창 불
사가 진행되고 있다. 1990년에 도로 포장 및 확장이 이루어졌고, 1994년에
약사전 · 산령각 · 용왕궁 · 108계단을 조성하고 관음보살입상을 봉안했다.
지금은 4층으로 된 현대식 요사 건물을 짓고 있으며, 그 밖에 나한전 · 선방
도 공사가 한창이다. 그리고 앞으로 대웅전과 한방병원, 천왕문 · 일주문 ·
박물관 등을 새로 지을 계획이라고 한다.

● 성보문화재

현재 절에는 약사전 · 산령각 · 나한전 · 용왕궁 · 범종각 등의 건물이 있다. 그 밖에 나한전과 선방을 짓는 중이다.

약사전은 팔작지붕에 2층 누각식으로 지었다. 안에는 불상없이 제석천룡도만 봉안했다. 불상이 따로 없는 까닭은 안쪽 뒷면 벽 윗쪽 3칸이 유리로 되어 있어 건물 뒤쪽의 바위에 새겨진 마애약사불상을 바라보게 되어 있기 때문이다. 그래서 이곳에서 약사불상을 보며 예불하게 되어 있다. 약사전 축대 아래에는 대흥사 터에서 옮겨온 지장보살상이 놓여져 있다.

산령각은 팔각지붕에 벽면은 각이 없이 둥근 원형을 이루고 있다.

용왕궁은 팔작지붕에 앞면과 옆면 각 1칸이며, 약사전 처럼 앞면 윗쪽이 유리로 되어 있어 밖에서 안쪽을 보고 예를 드리도록 설계되었다. 안에는 용왕상을 비롯해서 용녀 · 남순동자상이 있고, 건물 아래는 샘이 있다.

그 밖에 마애약사여래입상 · 지장보살상 · 관음보살입상 · 맷돌 및 부도 5기와, 「백마산백운사건립연기문」이 장수바위 옆 자연석에 새겨져 있다.

한편 『백운사지』에 의하면 옛날의 대흥사 터와 지금의 백운사 자리 일대에서 금동불 · 철불 · 석불 등이 발견되기도 했는데, 그 뒤로 누군가 가져가고 지금은 없어졌다고 한다.

⊛ 마애불상

법당 뒤에는 전부터 기도처였던 '장수바위' 라고 하는 바위가 있다. 이 바위 앞면에는 1994년 조성한 마애약사여래입상이 새겨져 있다.

또한 약사전 축대 아래의 암벽에도 마애불상이 새겨져 있다. 이 불상을 흔히 '법당 뒤 미륵부처님' 으로 불렀는데, 지금은 지장보살상으로 부른다. 1950년에 송제윤스님이 새긴 것이라고 한다.

부도군   절 입구에는 송제윤스님의 탑과 그외 주인공을 알 수 없는 부도 4기가 나란히 서 있다.

❀ 부도

법당 앞마당 동쪽, 절 입구에 5기의 부도가 있다. 그 가운데 하나는 송제
윤스님의 「송운제탑(宋雲齊塔)」이고 나머지 4기는 주인공을 알 수 없다.
'운제'는 스님의 법호이다.

또한 부도 가운데 기단·비신·옥개석이 전부 4각으로 된 것이 있는데,
본래 장수바위 옆에 있었던 것을 조선 인조(재위 1623~1649) 때 대흥사
에서 공부하던 윤의(尹植)라는 사람이 등에 지고 가서, 예전부터 부도 3기
가 놓여져 있던 마을 산제당(山祭堂) 뒤쪽 언덕에 갖다 놓았다고 전한다.

그런데 산제당 뒤에 옮겨진 부도가 언제인가 무너져버린 것을 1935년에
송제윤스님이 지금의 자리로 이운해 와 봉안했다.

88 맷돌

본래 옛날 대흥사에서 사용하던 것으로 전하며, 현재 범종각 옆에 놓여져 있다. 크기는 지름 50㎝, 두께 10㎝이다.

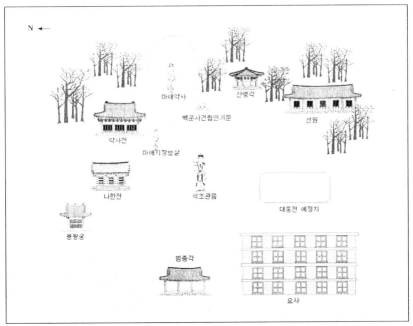

백운사 가람배치도

보광사

◑ 위치와 창건

보광사(普光寺)는 괴산군 사리면 사담리 산1번지 보광산에 자리한 한국 불교태고종 사찰이다.

절의 창건은 정확히 언제인지 기록이 남아 있지 않지만, 1530년에 편찬 된 『신증동국여지승람』 「괴산군」〈불우조(佛宇條)〉에 절 이름이 보이고 있

보광사　19세기경에 폐사된 곳에 근대에 와서 부근의 봉학사지에서 모셔온 석불을 봉안하면서 다시 법등을 잇기 시작하였다.

어 적어도 조선시대 초기에는 창건되었음을 알 수 있다. 그러나 19세기 말 ~20세기 초 무렵에 나온 『괴산군읍지』에, '보광사는 보광산에 있는데, 이미 무너진 지 오래되었다.'는 기록이 있어 19세기에 폐찰된 듯하다. 그러나 절에 전하는 말로는 17~18세기에는 절에 100여 인의 스님이 거주할 정도로 큰 절이었다고 한다.

근대에 와서는 1925년에 폐허가 된 절터에 권봉주(權鳳柱)스님이 초암을 짓고 절의 법등을 다시 이었고, 1936년에는 김봉삼(金奉三)스님이 석불을 봉안하면서 중창했다. 그런데 이 때 봉안한 석불은 역시 폐허였던 부근의 봉학사(鳳鶴寺) 터에서 옮겨온 것이다. 봉학사는 보광사 윗쪽으로 200미터 가량 떨어진 곳에 있는데, 고려시대인 14세기에 창건되고 19세기 후반에 폐사된 사찰이다.

전하기로는 이 석불상은 본래 봉학사 법당에 주불로 봉안되었으나 헌종(1834~1849) 때 충청도 관찰사 김소(金素)의 후손들이 김소의 묘를 쓰기 위해 절을 허물고 석불의 머리를 자르고 불상을 땅에 묻었다. 그 뒤 얼마 안 있어 보광산 아래에 사는 한 신도의 꿈에 노승이 세 번이나 나타나 불상을 파내라는 계시를 내리는 현몽에 따라서 이 불상을 파내어 모셨으며, 1936년에 지금의 보광사로 옮겨졌다고 한다(「봉학사지」편 참고).

최근에는 1991년 지금의 운산(雲山)스님이 주석하면서 절을 중수했는데, 1993년에 낡은 법당을 헐고 새로운 법당을 지었다.

◐ 성보문화재

현재 절에는 대웅전 · 산신각 · 요사 건물이 있다.

대웅전은 팔작지붕에 앞면 5칸, 옆면 2칸의 건물인데, 안에는 석조여래좌상 및 보살상과 영산후불탱화 · 지장탱화 · 신중탱화 및 동종이 있다. 석

대웅전 신중탱화 위태천을 중심으로 한 천룡탱화로 간결한 구도를 갖고 있다. 영동 천마산 보덕암
에서 조성되었다.

조여래좌상은 부근의 봉학사터에서 옮겨온 것이며, 후불탱화 · 신중탱화는
1924년에 충청북도 영동 천마산 보덕암(報德庵)에서 조성했다.

산신각은 맞배지붕에 앞면과 옆면 각 1칸의 건물이며, 산신상 · 독성상과
산신도 · 독성도 · 칠성도가 있다.

그 밖에 대웅전 앞마당 아래 석축 근처에 대형의 맷돌이 있고, 절에서 산쪽으로 약 200m 가량 올라간 곳에 있는 봉학사지에 고려시대의 오층석탑이 있다(「봉학사지」편 참고).

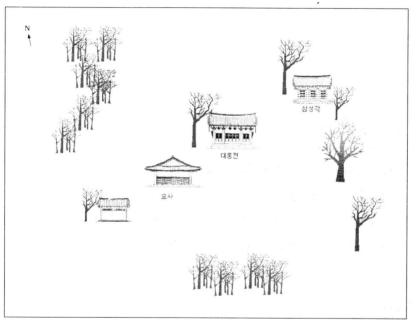

보광사 가람배치도

보타사

🌓 위치와 창건

　보타사(寶陀寺)는 괴산군 증평읍 연탄리 산63-34번지 두타산(頭陀山)에
자리한 한국불교태고종 사찰이다.
　창건은 절에서 전하기로는 1875년(고종 12)에 이루어졌다고 한다. 두타
산 능선에 암자를 지었던 것인데, 당시는 보타사라는 이름의 절은 아니었

보타사

다. 그 뒤 1976년에 건물이 취약해 무너질 우려가 있어 철거하고 800m 가량 밑으로 내려온 지금의 자리에 절을 중건했다. 이 때 절 이름을 불법승(佛法僧)을 가리키는 삼보(三寶)에서 '보'를, 두타산에서 '타'를 따서 보타사라고 지었다.

● 성보문화재

절은 1976년에 지금의 자리로 옮겨 와 중건되었으므로 연대가 오래된 성보는 없다. 현재의 건물로는 대웅전·삼성각·종각·요사 및 부속채가 있고, 안에 봉안된 불상·불화 등도 근래에 조성되었다.

대웅전은 팔작지붕에 앞면과 옆면 각 3칸의 건물이다. 안에는 석가불상과 관음·대세지보살상의 삼존상과, 중앙의 석가불도를 중심으로 좌우에 아미타도·비로자나도가 배치된 삼불도를 후불탱화로 봉안하고 있다. 그 밖에 삼장탱화·신중탱화 및 법고·동종이 있다.

삼성각은 맞배지붕에 앞면 3칸, 옆면 1칸의 건물이며 산신상과 산신도·칠성도·독성도가 있다. 그리고 칠성도 앞에 보살상이 있는데, 절에서는 약사여래상으로 부른다.

그 밖에 절 마당에는 통일기원칠층보탑과 「통일기원탑시주공덕비」가 있다.

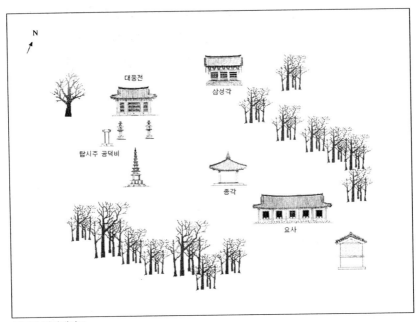

대웅전

삼성각

탑시주 공덕비

종각

요사

보타사 가람배치도

석천암

위치와 창건

석천암(石泉庵)은 괴산군 청천면 삼송리 산25-1번지에 자리한 대한불교 조계종 제5교구 본사 법주사의 말사이다.

절에서 전하기로는 고려시대인 1300년 무렵 나옹(懶翁)스님에 의해 창건되었다고 하지만 그에 관한 문헌기록은 현재 전하는 것이 없다.

석천암 산 정상 가까이에 자리하고 있으며, 법당은 커다란 암반밑에 지어졌다. 1987년에 소실된 뒤 새로 중건되었다.

● 성보문화재

현재 절에는 대웅전 · 산령각 · 요사 2동이 있다.

대웅전을 비롯한 건물들은 1987년에 소실된 뒤 중건했다고 한다.

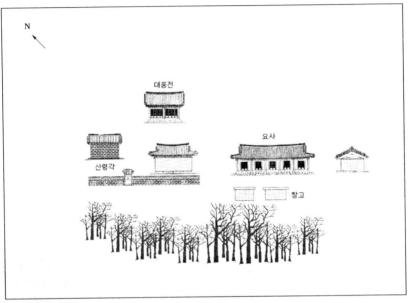

석천암 가람배치도

채운암

◑ 위치와 창건

채운암(彩雲庵)은 괴산군 청천면 화양리 412번지 환희산(歡喜山)에 자리한 대한불교조계종 제5교구 본사 법주사의 말사이다.

절은 고려시대인 1277년(충렬왕 3)에 도일(道一)스님에 의해 수도암(修道庵)이라는 이름으로 창건되었다. 그 뒤 정확한 시기는 알 수 없지만 혜식

채운암 조선 후기 일본의 침략에 항거하여 의병이 일어났던 본거지라 하여 전각이 모두 소실당하였다가, 1954년 다시 법등을 잇게 되었다.

대웅전   1977년 중수되었다. 아미타·관음·세지의 삼존불상과 치성광여래상·지장보살상 등이 봉안되어 있다.

(惠識)스님이 채운암으로 고쳐 불렀다고 한다.

그런데 이후 절의 연혁은 곧잘 부근의 환장사(煥章寺)의 역사와 결부되면서 혼동을 주는 경우가 많다. 그 까닭은 근대에 들어서 1954년에 대홍수로 절이 무너져 버리자 청천면 초량리 환희산의 환장사로 채운암의 목재를 옮겨 요사를 지은 것에서부터 비롯된다. 환장사는 현재 채운암에 보관된 「충청도청주청천면화양동환희산환장사법당초창기(忠淸道淸州靑川面華陽洞歡喜山煥章寺法堂初創記)」 및 그 밖의 자료에 의하면, 1670년(현종 11)에 당대의 유명한 학자인 송시열(宋時烈) 등의 노력으로 창건된 절이다. 그 뒤 정조 임금은 중국에서 편찬된 『송자대전(宋子大全)』·『정서분류(程書分類)』 등의 서적을 새로 판각한 뒤 이곳에 보관하게 하였고, 또한 1726년(영조 2)에는 나라에서 비용을 하사해서 중건하기도 하는 등 조선 중·후기에 번성했던 사찰이다.

그러나 조선 후기 일본의 조선 침략에 항거해서 곳곳에 의병이 일어났던

1896년(고종 33)에 의병의 본거지라 해서 일본군대에 의해 환장사의 대웅전을 제외한 모든 전각이 소실되었으며, 절을 지키는 승려도 없어 폐허처럼 되었다고 한다. 해방 뒤에 남아 있는 대웅전을 중심으로 소규모로 운영되다가, 앞서 말한 것처럼 개울 건너에 있던 채운암이 홍수로 무너지자 채운암의 목재를 이곳으로 옮겨 요사 등의 건물을 지었고, 두 절을 합하여 채운사로 했던 것이다.

결국 환장사는 조선 중기에 건립되어 조선 후기에 이르기까지 법등을 이어왔던 사찰이었으나 일본군에 의해 폐허화된 것을, 1954년에 근처의 채운암이 이곳으로 옮겨오면서 부르기 쉽게 두 절을 합쳐서 채운사로 불렀다. 이같은 사정 때문에 근래의 사찰 소개서에 보면 두 절의 창건·연혁을 함께 서술하는 혼동을 가져오게 되었던 것이다. 그러나 환장사와 채운암은 1954년 무렵의 1~2년 간만 주위 여건으로 인해 잠시 합했을 뿐, 두 사찰은 전혀 다른 절이며 창건과 연혁도 전혀 다르다고 보아야 할 것이다.

채운암은 1954년 환장사로 옮긴 후, 어느 정도 본래의 면목을 회복하여 곧 다시 본래의 채운암 자리 앞 골짜기에 절을 중창하였으며, 그 뒤 크고 작은 중수를 거쳐 오늘에 이른다.

◑ 성보문화재

현재 절에는 대웅전을 비롯해서 삼성각·요사 2동이 있다.

대웅전은 1977년에 중수되었다. 팔작지붕에 앞면과 옆면 각 3칸의 건물이며, 아미타불상과 관음·세지보살상의 삼존불 및 치성광여래상·지장보살상이 봉안되었다.

또한 불화로는 후불탱화로 영산회상도와 지장탱화·신중탱화가 있으며 그리고 동종이 있다. 현판으로는 1836년(헌종 2)에 기록된 「충청도청주청

대웅전 아미타삼존불상

아미타불상은 조선시대
의 불상으로 나무로 만든
목불이다. 충청북도 유형
문화재 제191호.

천면화양동환희산환장사법당초창기」와 1976 · 1977년에 각각 쓰여진 「범
종불사방명록」· 「법당중수기」가 있다.

삼성각은 팔작지붕에 앞면 3칸, 옆면 1칸의 건물이다. 전에는 산신각 ·
칠성각이 따로 있었으나 근래에 삼성각으로 합했다. 안에는 근래에 조성된
칠성탱화 · 독성탱화 · 산신탱화가 있다.

본래는 1728년(정조 22)에 조성된 신중탱화, 1845년(헌종 11)의 지장탱
화, 1887년(고종 24)의 칠성탱화가 있었으나 지금으로부터 약 3~4년 전
에 도난당했다고 한다. 그림은 없어졌으나 그 화기(畵記)는 기록된 것이 있
는데, 신중탱화는 법주사 여적암(汝寂庵)에서 봉안되었고, 지장탱화는 환

장사에서, 그리고 칠성탱화는 채운암에 봉안되었던 것이다. 특히 칠성탱화 화기에 보면 '낙영산 채운암(落影山 綵雲庵)'으로 적혀 있어 절이 자리한 환희산이 낙영산으로도 불렸음을 알 수 있다.

❀ 아미타불좌상

대웅전에 봉안된 조선시대 불상으로서 1998년 1월 9일 충청북도 유형문 화재 제191호로 지정되었다. 현재 도금되어 있어서 언뜻 보면 금동불로 보이지만, 실은 나무로 된 목불이다.

세부 양식을 보면, 이마에는 백호가 있고 머리 위에는 육계가 있다. 상호는 대체로 원만하고 인자한 모습인데, 귀는 길고 크며 콧날이 뚜렷하다. 불의(佛衣)는 통견(通肩)인데 가슴은 드러났으며, 허리에 군의(裙衣)의 띠가 보인다. 결가부좌(結跏趺坐)로 앉아 있는 모습이 안정감 있다.

채운암 가람배치도

봉학사지

봉학사지(鳳鶴寺址)는 괴산군 사리면 사담리 산1번지에 있는 고려시대의 절터이다.

봉학사의 창건은 정확한 연대는 알 수 없으나, 전하는 유물 등으로 볼 때 대체로 고려시대에 창건된 것으로 추정된다. 근처에는 보광사가 자리한다.

근래 이곳 절터에서 발견된 기와에 '봉학사'라는 절 이름과 더불어 '지

봉학사지 보광사 뒤편으로 조금 올라간 자리에 위치하고 있다. 고려 초기의 석탑 등을 비롯한 석재와 석축 등이 남아 있다.

원경진(至元庚辰)'의 글이 새겨져 있었다. '지원'은 중국 원(元)나라의 연호이고 '경진'은 간지(干支)로서 1340년(충혜왕 복위 1)에 해당된다. 그래서 이 해를 창건, 또는 중창연대로 볼 수 있는데, 이곳에 남아 있는 유물 가운데 1340년보다 앞선 시기에 제작된 것이 없는 것으로 보아서는 대략 이때를 창건연대로 추정해도 무방할 듯싶다.

창건 이후의 연혁 역시 잘 전하지 않는다.

◑ 성보문화재

❀ 봉학사지 오층석탑

고려시대 초기의 작품으로 보이는 이 오층석탑은 4장의 지대석(地臺石) 위에 세워진 것으로 초층 탑신만이 2장의 돌로 되었고, 각층의 지붕돌인 옥개석(屋蓋石)과 몸체 부분인 탑신(塔身)은 모두 하나의 돌로 이루어졌다.

기단부(基壇部)는 없어지고, 넓직한 지대석 위에 기단(基壇)·갑석(甲石)으로 보이는 부재를 얹고 탑신을 쌓았다.

봉학사지 오층석탑. 충청북도 유형문화재 제29호.

옥개석은 낙수면(落水面)의
경사가 완만한 편이며, 각층
탑신의 면석(面石)에는 아무
런 수식이 없고 모퉁이에는
우주(隅柱)가 조각되어 있
다. 일제강점기 때 무너졌던
것을 1967년에 주민들이 복
원하여 1976년에 충청북도
유형문화재 제29호로 지정되
었다.

봉학사지 석조여래좌상. 충청북도 유형문화재 제30호.

✿ 봉학사지 석조여래좌상

불신(佛身)만 남아 있는 이 불상은 왼쪽 팔목 등의 보수를 제외하면 보존
상태가 좋은 편이다. 이 불상은 우견편단(右肩偏袒) 불의(佛衣)에 항마촉
지인(降魔觸地印)의 모양으로 통식(通式)을 따르고 있으나, 오른쪽 발을
왼쪽 허벅지 위에 올려 놓은 항마좌(降魔坐)는 그 예가 드문 편이다.

신체에 비해서 큰 얼굴을 약간 숙인 이 불상은 굴곡이 배제된 네모진 상
체(上體), 띠주름 같은 삼도(三道)의 표현, 평판적이고 네모진 형태, 둔감
한 옷주름 선 등에서 양식이 도식화(圖式化)되는 경향을 보인다. 이러한 세
부수법을 통해 보면 조선시대 불상으로 추정된다.

이 불상은 조선 후기에 이르러 당시 이 지방의 어떤 세도가가 봉학사지에
묘소를 쓰기 위해 불상을 부수고 땅에 묻어버리는 등 거의 파불(破佛)될 지
경까지 갔으나, 1936년에 보광사에서 이운하여 파손된 부분을 수리해 대웅
전에 봉안했다.

1976년 충청북도 유형문화재 제30호로 지정되었다(「보광사」편 참고).

Ⅳ. 음성군 · 진천군

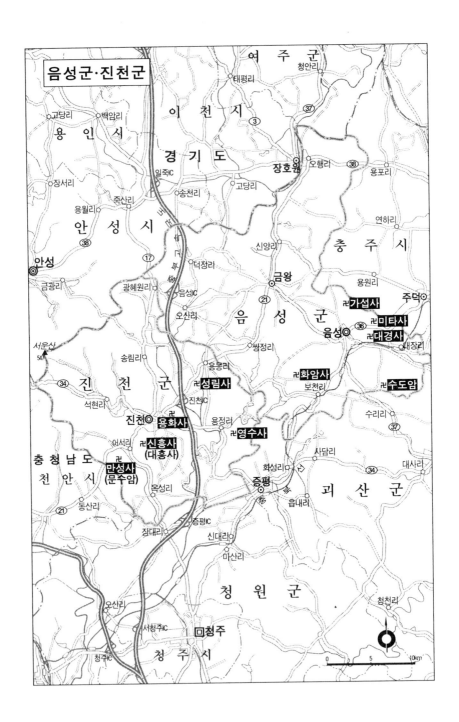

음성군·진천군

여 주 군
청안리
태평리
이 천 시
고당리 백암리
용 인 시
경 기 도
일죽IC
장서리
송천리 고당리
장호원 오행리 용포리
용월리 죽산리
안 성 시 연하리
덕장리 신양리 충 주 시
안성 금왕 용원리
금광리 광혜원리 주덕
음성IC ㉱가섭사
오산리 음 성 군 ㉱미타사
음성 ㉱대경사
서운산 쌍정리 대장리
송림리 용몽리 ㉱화암사
진 천 군 ㉱성림사 보천리 ㉱수도암
석현리 진천IC 수리리
진천 용화사 용정리 ㉱영수사
충 청 남 도 ㉱신흥사
천 안 시 ㉱만성사 (대흥사) 사담리 대사리
(문수암) 화성리 괴 산 군
옴성리 증평
동산리 읍내리
증평IC 신대리
장대리
마산리
청 원 군 청천리
오산리
서청주IC
청주 청 주 시
청주IC

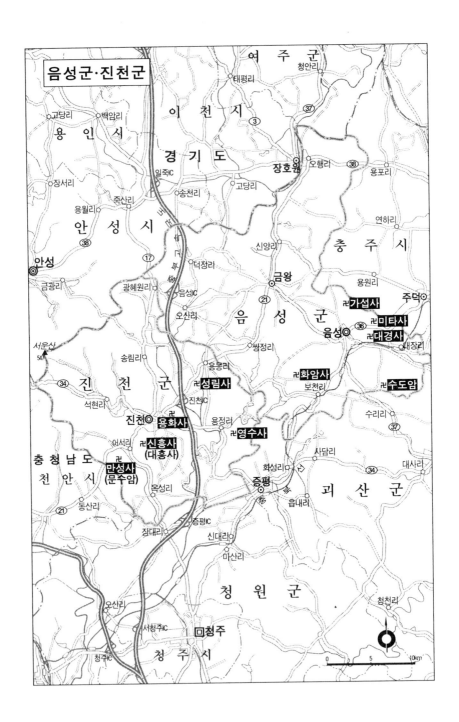

0   5   10km

음성군 · 진천군의 역사와 문화

　음성군(陰城郡)은 충청북도 북부 중앙에 위치하며 동쪽은 충주시, 서쪽은 진천군, 남쪽은 괴산군, 북쪽은 경기도 이천시 · 안성군 · 여주군에 접한다. 1998년 10월말 현재 인구는 8만 6,847명, 행정구역은 2읍 7면 114리로 이루어져 있다.

　자연환경은 군의 북서부에 차령산맥 · 노령산맥이 있어 잔구성 구릉지가 발달했으며, 소규모의 분지나 하곡이 산재해 있다. 군의 동쪽 경계가 되는 노령산맥에는 원통산(怨慟山, 645m) · 행덕산(行德山, 448m) · 수리산(愁離山, 679m) · 부용산(芙蓉山, 644m) · 가섭산(迦葉山, 710m), 큰산(510m) 등이 남쪽으로 연이어 있어 산지를 이루고 있다. 하천은 규모가 작고 수계가 복잡한데, 북부에 부용산에서 발원한 응천(鷹川)이 청미천(淸渼川)과 합류해 군의 경계를 이루며 북동류한다. 또한 서부에는 역시 부용산에서 발원한 미호천(美湖川)이 남서류한다. 그 밖에 중부에 초평천(草坪川), 동부에 음성천이 흐른다.

　군내에서는 신석기시대 유적과 유물이 발견되었다. 이곳은 일찍이 진국(辰國)의 영토였으며, 삼한시대에는 마한에 속했었다. 삼국시대에는 처음 백제의 땅이었으나 뒤에 고구려 영토가 되어 잉홀현(仍忽縣)으로 불렀다. 통일신라에는 757년(경덕왕 16) 음성현으로 바뀌었다. 고려에 들어서는 995년(성종 14) 중원도(中原道) 진주(鎭州) 음성현이 되었고, 1018년(현종 9) 양광도(楊廣道) 충주목에 속했다가, 1356년(공민왕 5) 충청도 국원경(國原京) 음성현으로 개편되었다.

　조선에서는 현이 없어지고 인근 청안현 · 괴산군에 병합되었다가 다시 복구되는 것을 반복했다. 조선 후기에 들어서 1895년 충주부 음성군으로 되었다가, 이듬해 충청북도 음성군이 되었다.

현대에 와서는 1956년 음성면이, 1973년 금왕면이 각각 읍으로 승격되면서 오늘에 이른다.

진천군(鎭川郡)은 충청북도 서북부에 위치하며 동쪽은 음성군·괴산군, 서쪽은 충청남도 천안시, 남쪽은 청원군, 북쪽은 경기도 안성군에 접한다. 1998년 10월말 현재 인구는 5만 9119명, 행정구역은 1읍 6면 263리로 이루어져 있다.

자연환경은 군의 서부와 북부에 덕성산(德城山, 521m)·무제산(武帝山, 574m)·서운산(瑞雲山, 547m)·만뢰산(萬賴山, 612m)·장군산(將軍山, 436m)·옥녀봉(玉女峰, 457m), 동부에 두타산(頭陀山, 598)·불당산(佛堂山, 247) 등이 솟아 있다. 충청남도 천안시와의 경계에 있는 엽둔재(葉屯峙)와 경기도 안성군과의 경계에 있는 배티(梨峙)는 예로부터 교통상 중요한 역할을 하던 고개이다.

진천군에서는 신석기시대의 유적과 유물이 있으며, 삼한시대에는 마한에 속했다. 삼국시대에는 먼저 백제의 영토였으나 고구려 장수왕의 남진정책으로 고구려의 금물노군(今勿奴郡)이 되었다가, 484년(신라 소지왕 6)부터 신라의 만노군(萬弩郡)이 되었다. 고려에서는 진주(鎭州)가 되었다가, 995년(성종 14) 중원도(中原道)에 속했고, 1018년(현종 9) 양광도 청주목(淸州牧)의 속현이 되었다. 1259년(고종 46) 창의현(彰義縣)으로 승격되었고, 1269년(원종 10) 의녕군(義寧郡)으로 승격되었으나 곧 진주현(鎭州縣)으로 강등되었다.

조선 초에는 상산(常山)으로 부르다가 1413년(태종 13) 진천현(鎭川縣)이 되었다. 1505년(연산군 11) 잠시 경기도에 이속되었다가 중종 초에 다시 충청도로 복원되었다. 1895년 진천군이 되었으며, 현대에 들어와 진천면이 읍으로 승격되면서 오늘에 이른다.

가섭사

☯ 위치와 창건

가섭사(迦葉寺)는 음성군 음성읍 용산리 산11-1번지 가섭산(迦葉山)에 자리한 대한불교조계종 제5교구 본사 법주사의 말사이다. 절은 음성읍에서 북쪽으로 약 3㎞ 떨어진 가섭산 8부 능선에 위치한다.

가섭사는 고려 공민왕 때 나옹 혜근(懶翁惠勤)스님이 창건하고 조선시

가섭사 극락보전

극락보전 삼존불상 아미타삼존불상과 오백불 등이 모셔져 있다. 아미타불상은 본래의 것이 아니고 다른 폐사된 절에서 가져왔다고 한다.

대 1624년(인조 2)에 벽암 각성(碧巖覺性)스님이 중수했다고 전한다. 그 뒤 『신증동국여지승람』에 '서가섭사가 가섭산에 있다(西迦葉寺 在迦葉山)'라는 기록이 있고, 『여지도서』에도 같은 내용의 기록이 있는 것으로 보아서 조선시대까지 서가섭사(西迦葉寺)라는 이름으로 법등을 이어온 것으로 추정된다.

한편 『조선환여승람』에 서가섭사는 보이지 않지만 '응진암(應眞庵)은 옛날에 서가섭사라 불렀다.' 하였으므로 일제강점기 때 일시 응진암이라 부르다가 나중에 지금처럼 가섭사가 된 듯하다. 1938년 무렵에 화재로 전소된 것을 당시 주지인 윤원근(尹元根)스님이 중건했다.

최근에는 1986년에 기존의 대웅전이 무너져 위치를 옮겨 지금의 극락보전을 새로 세웠다. 그리고 1990년 무렵에는 본래 있던 삼성각을 좀더 크게 고치고, 요사를 옛 법당 자리에 새로 지었으며, 1998년에 일주문을 세웠다.

◐ 가섭산과 가섭사

가섭사가 위치해 있는 가섭산은 예로부터 명산으로 알려져 있다. 옛날에는 가섭산 동쪽에 동가섭사, 서쪽에 서가섭사가 각각 있었는데 지금의 가섭사가 곧 서가섭사다.

그런데 1973년에 발행된 『가섭사 사지』에 의하면 가섭사는 명당터로서, 풍수를 보는 감여가(堪輿家)들이 말하기로는 가섭사 터가 연소혈(燕巢穴), 또는 괘등형(卦燈形)이라고 한다는 것이다. 이것은 이 절터가 제비집과 같고 혹은 벽에 걸린 등잔걸이 같은 형상이라는 것인데, 사람들에게 어둠을 밝혀 주는 명당 자리라는 것이다.

그래서 가섭사에는 예로부터 많은 영험이 있었고 가섭산도 사람들을 해치지 않고 도움을 주는 영산(靈山)으로 이 지방 사람들에게 널리 알려져 있다고 한다.

◑ 성보문화재

현재 절에는 극락보전을 비롯해서 삼성각 · 일주문 · 요사 등의 건물이 있다.

요사 오른쪽에는 1985년에 조성한 미륵석불이 남향해 있다.

❀ 극락보전

팔작지붕에 앞면 5칸, 옆면 3칸의 건물로서 1986년에 새로 지었다.

안에는 아미타삼존불상 및 오백불과 후불탱화 · 극락회도 · 신중탱화, 동종 2구가 있다. 본래 천불전을 짓고 천불을 모실 계획이었으나 현재는 오백

석조
극락보전에서 요
사로 내려가는
계단 옆에 있다.

불만 조성되어 극락보전에 봉안했다고 한다.

아미타불좌상은 본래 가섭사의 전래 불상은 아니고, 음성읍 용산리에 있었던 상봉악사(上鳳岳寺)가 폐사되자 이곳으로 옮겼다는 설과, 음성읍 감우리의 성주사(聖住寺)가 폐사될 때 이곳으로 이안했다는 두 가지 설이 있다. 또한 재질도 목불이라는 설과 싸리나무를 엮어서 조성했다는 설이 있다. 크기는 높이 250㎝, 둘레 69㎝이다. 아미타불상을 좌우로 협시하고 있는 관음보살 · 지장보살상은 1957년에 조성했다.

본래 가섭사에는 철불이 봉안되었는데, 1946년에 도적이 들어 분실하였다 한다.

✽ 삼성각

맞배지붕에 앞면 3칸, 옆면 1칸의 건물이며 1990년 무렵에 기존의 삼성각 자리를 조금 옮겨서 늘려 지었다.

안에는 칠성탱화 · 독성탱화 · 산신탱화가 봉안되어 있다.

❀ 석조

경내에 화강암으로 만든 가로 150㎝, 세로 90㎝, 높이 60㎝ 크기의 석조 (石槽)가 있다. 가섭사의 전래품으로서, 조선시대에 제작된 것으로 보인다.

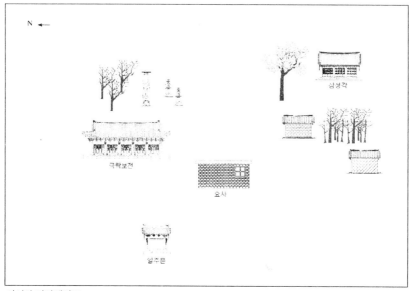

가섭사 가람배치도

대경사

● 위치와 창건

대경사(大京寺)는 음성군 소이면 비산리 573번지 가섭산(迦葉山) 줄기에 자리한 한국불교태고종 사찰이다.

대경사는 음성읍이 고향인 전 주지 노경(盧鏡)스님이 1960년 무렵에 이곳에 와서 창건했다. 노경스님은 1994년에 열반하였고 지금은 법왕화 보살

대경사 인법당만 있는 단촐한 규모로 1994년 열반한 노경스님이 창건한 사찰이다. 폐탑을 조립하여 쌓은 석탑이 하나 있다.

이 향화를 이어 가고 있는데, 아직 사찰의 면모를 완전히 갖추지 못한 채 일반 농가에 불상을 봉안하고 있다.

● 성보문화재

현재 절은 인법당만 있는 아주 단출한 규모를 하고 있다.

인법당은 슬라브로 이은 팔작지붕에 벽체는 흙과 시멘트로 구성된 일반 주택형 건물이다. 1973년 무렵에 지었으며, 가운데 한 칸에 불상을 모시고 있다.

안에는 석가불상 · 보살상과 여래상 2체 및 산신상 · 후불탱화 · 칠성탱화 · 신중탱화 · 산신탱화가 봉안되어 있다.

❀ 삼층석탑

경내에 폐탑을 조립하여 놓은 높이 약 240㎝의 탑이 하나 있다.

이 탑은 본래 음성읍 부근, 곧 지금의 구인사와 향교가 있는 근처에 있던 것인데, 언제인가 한 능지기가 자기의 집으로 옮겨 놓았다가 한국전쟁 때 폭격을 맞아

삼층석탑

부숴졌다고 한다. 그렇게 방치된 폐탑(廢塔) 부재를 지금으로부터 약 50년 전에 옮겨 와 이곳에다 쌓은 것이다. 기단부는 각각 다른 탑부재인 옥개석 3매와 옥신석 3매를 포개놓았고, 상륜부는 탑부재를 여기에 쌓을 때 새로 만들었다.

대경사 가람배치도

미타사

☯ 위치와 창건

미타사(彌陀寺)는 음성군 소이면 비산리 874-2번지 가섭산(迦葉山, 710m) 줄기에 자리한 대한불교조계종 제5교구 본사 법주사의 말사이다.

미타사는 신라 진덕왕 때 원효스님이 창건하였다고 전하지만 근거가 되는 문헌 자료는 없다.

미타사 주변에서 발견되는 유물을 통해 고려시대에 법등을 밝혔을 것으로 추정된다. 가섭산 줄기에 자리하고 있다.

극락전 ·1979년에 지었다. 아미타삼존불상과 극락회도 · 신중탱화 등이 봉안되었다.

다만 1964년 봄 절터에서 고려시대 기와편과 분청사기편, 조선시대 백자편 등이 수집되었고, 1979년 대웅전 기초 공사를 할 때도 고려시대 것으로 추정되는 물오리 형태의 치미(鴟尾)가 발견되기도 했다. 그러므로 이 같은 유물을 통해 고려시대에 법등을 밝히다가 임진왜란을 전후했을 무렵에 폐사되었을 것으로 추정될 수 있다.

또한 1973년 사찰 경내에서 정지작업을 하다가 고려시대 후기의 금동불상 하나가 출토되어 당국에 신고된 바가 있으므로, 이 사실 역시 사찰 연혁을 살피는 데 도움이 될 듯하다.

근래에 들어와서는 1964년 봄 수덕사에 있던 명안(明岸)스님이 와서 수도를 겸하여 절의 중창 원력을 세우고 정진하였다. 이에 마을 사람들이 미타사 창건기성회를 조직하여 1965년 4월에 흙벽돌로 8칸 기와집을 세웠는데, 이것이 지금의 미타사의 실질적 창건이라고 할 수 있다. 그 뒤 1979년에 기존의 흙벽돌집을 헐고 극락전과 삼성각을 세웠다. 1980년 봄에는 선방을 세웠다.

◑ 성보문화재

현재 절에는 극락전 · 삼성각 · 미타선원 및 요사인 자임당 · 적운당 · 서원당 등의 건물이 있다.

❀ 극락전

극락전은 팔작지붕에 앞면과 옆면 각 3칸의 건물로서 1979년에 지었다. 안에는 아미타삼존불상과 아미타극락후불탱화 · 신중탱화 및 동종이 있다.

❀ 삼성각

삼성각은 앞면 3칸, 옆면 1칸의 맞배지붕 건물로서 극락전과 같은 해에 지었다. 안에는 석조불좌상과 후불극락탱화 · 칠성탱화 · 신중탱화 · 산신탱화 · 독성탱화가 있다.

삼성각 석조불좌상은 고려시대 후기 작품으로 추정되는데, 다음과 같은 이야기가 전하고 있다.

본래 이 석불상은 언제부터인가 폐사된 절터에 방치되어 있었다. 1964년 무렵 충주에 사는 한 무녀가 현몽을 했다면서 이 부처님을 모셔 가려고 산 밑까지 운반하였으나, 심신이 몹시 괴로워 운반할 수가 없어 버리고 떠났다고 한다.

그런데 산밑의 비산리 마을 사람들의 꿈에 석불상이 나타나 절터로 다시 옮겨 달라고 현몽을 해서 마을 사람들이 다시 옛 절터의 원 위치에 안치하고 주변을 정화했다. 그러던 중 음성읍 소여리에 거주하는 김경직(金景職)이란 사람이 시멘트로 불상의 얼굴과 두 손을 복원했다.

그 뒤 수덕사에서 공부하던 명안스님이 이 사실을 알고 이 부처님과 인연이 되어 미타사를 창건하게 되었다고 한다.

삼성각 석조불좌상

과거 폐사된 절터에 방치되어 있던 것으로, 고려시대 후기의 불상으로 추정된다.

❀ 미타사마애불상

미타사 입구에서 약 7~800m 떨어진 진입로 서쪽에 위치하며, 거대한 화강암석의 동향한 면에 새겨져 있다. 고려시대 후기에 조성되었으며, 충청북도 유형문화재 제130호로 지정되어 있다.

불상은 도드라지게 표현하기 위해 불상 주변을 얕게 깎아 내었고 바위가 불상의 가슴 부위에서 가로로 크게 균열이 생겨 시멘트로 보수하였다. 불상의 얼굴과 어깨만 고부조(高浮彫)로 새겼고 기타 몸체 외곽선이나 세부 표현은 낮은 부조와 음각선으로 처리했다. 머리는 인체에 비해 약간 크며 관모를 쓰고 있다. 상호는 풍만한 편이나 눈과 입의 표현이 약식화되어 세부적 인상을 파악하기는 어렵다. 코는 납작하고 두 귀는 매우 길어 어깨에 닿을 듯하며 목에는 삼도가 없다.

마애불상. 충청북도유형문화재 제130호.

불의는 어깨 부분의 무늬가 선명치 않지만 두 팔에서 늘어뜨린 옷자락을 볼 때 통견으로 보인다. 몸체는 사선문으로 우견편단을 음각했다.

수인은 두 손의 형태가 마멸되어 뚜렷하지 않다. 오른손은 가슴 부위에서 엄지와 중지 부분만이 보일 뿐이고, 다른 손가락들은 파악이 어렵고 두 손의 마멸로 정확한 수인의 형태 파악은 어려우나, 외형적 윤곽을 감안할 때 아미타인을 맺은 것으로 추정된다.

최근 불상 진입로를 계단으로 바꾸는 등 마애불 주변을 정화하였다.

크기는 바위 높이 535cm, 바위 너비 606cm, 불상 높이 405cm, 머리 높이 105cm, 어깨 너비 124cm, 귀 길이 45cm이다.

❀ 맷돌

1976년 법당 앞 채소밭에서 출토된 것으로 현재 밑짝만 남아 있다. 지름 170cm의 원형석 바탕에 깊이 7cm, 지름 9cm 크기의 구멍을 파서 만든 것으로서, 고려 후기에 만든 것으로 보인다.

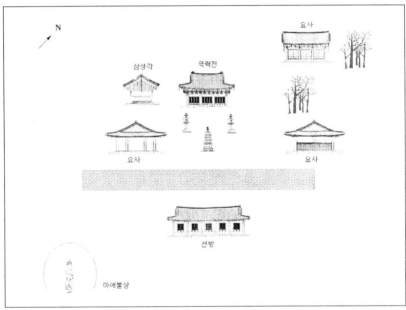

미타사 가람배치도

수도암

🌓 위치와 창건

수도암(修道庵)은 음성군 소이면 충도리 78번지에 자리한 한국불교태고종 사찰이다. 수도암은 조헌창(趙憲昌) 주지가 1930년대에 창건했다고 전하지만 정확하지는 않다. 창건이후 별다른 변화는 없고, 지금으로부터 30년 전 청운(靑雲)스님이 창건 당시 초가로 지어진 법당과 요사를 슬레이트 지붕으로 바꾸었다.

수도암　1930년 경에 청운스님에 의해 창건되었다. 법당과 산신각 그리고 요사로 이루어진 작은 규모의 사찰이다.

절은 남산에 있는 속칭 응달 마을에서 조금 떨어진 산허리에 위치해 있는데, 사찰이라기보다는 민가 같은 인상을 준다.

◐ 성보문화재

현재 절은 법당과 산신각 · 요사 등으로만 이루어진 작은 규모이다.

법당은 맞배지붕에 앞면 2칸, 옆면 1칸의 건물로서 창건 당시 건물이다.

안에는 아미타입상 및 관음보살 · 세지보살입상이 있고, 불화로는 후불탱화 · 칠성탱화 · 신중탱화가 있다.

산신각은 우진각지붕에 앞면과 옆면 각 1칸의 건물인데, 자연 암반을 둘러싸고 건물이 지어졌다. 안에는 산신상과 산신탱화가 봉안되어 있다.

전하는 말에 의하면, 전 주지스님이 약 40년 전 꿈을 꾸었는데 바위가 나타나서 스님에게 말하기를, "비를 막아 주면 복을 주겠노라." 하므로 이 때 산신각을 짓고 비를 가렸다고 한다.

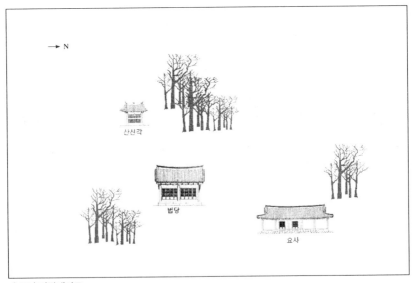

수도암 가람배치도

화암사

🌑 위치와 연혁

화암사(華嚴寺)는 음성군 원남면 덕정리 산36번지에 자리한 대한불교조계종 제5교구 본사 법주사의 말사이다.

청주‒음성간 국도 원남면 소재지에서 북쪽으로 약 4~5㎞ 정도 가면 덕정 마을이 나오고, 그 마을에서 다시 사향산(麝香山) 쪽으로 1㎞쯤 오르면

화암사　일명 꽃절이라고도 불리는 절은 자연석굴 안에 법당을 마련하고 불상을 봉안하였던 청진암에서 유래한다.

원통보전 약사여래상

조그마한 화암사를 만나게 된다. 절은 일명 '꽃절' 이라고도 부른다.

절은 동쪽으로 보덕산(普德山)과 문수봉(文殊峰), 북쪽으로 사향산, 서쪽으로 국사봉(國士峰), 남쪽으로 종지봉(宗芝峰) 등 기묘한 산에 둘러싸여 있어서 옛부터 절이 있을 법한 터인데, 고찰이 있었다는 말만 전할 뿐 관련된 유적·유물이나 문헌 자료가 전하지 않는다.

화암사는 1938년 무렵 김승원(金承元)이 옛 절터에 절을 세우고 청진암이라고 부른 데서 유래한다. 청진암은 높이 약 4~5m의 자연 석굴 속에 자리한 약 7평 정도의 법당이었는데, 당시 불상 7점이 봉안되어 있었다고 한다. 지금 그 석굴은 빈 채로 무늬가 있는 대석(臺石)만이 남아 있으며, 굴 안에는 석간수가 있다.

창건이후의 연혁을 보면, 1976년에 석굴 내에 있던 건물을 전부 헐어내고 그 아래에 지금의 원통보전과 요사를 지었다. 1988년에는 지금의 현조(玄鳥)스님이 주석하기 시작했는데, 1990년 굴내에 불상을 다시 봉안했다.

1997년 11월부터는 원통보전 앞에 법당과 요사·강당을 겸하는 3층건물을 짓는 중인데, 1998년에 완공할 예정이다.

● 성보문화재

현재 절에는 원통보전과 요사가 있고, 법당 건물을 새로 짓고 있다.

원통보전은 팔작지붕에 앞면 2칸, 옆면 2칸의 건물로서 1976년에 지었다. 안에는 관음보살좌상을 비롯해서 약사여래상·지장보살입상, 후불탱화·칠성탱화·신중탱화·산신탱화와 동종이 있다. 약사여래상은 창건 당시부터 굴법당 안에 있었던 불상이다.

굴법당 안에는 근래에 조성한 석조다보여래 삼존상이 있으며, 왼쪽 벽에는 '김규오 화사(金奎五 花寺)'라는 글씨가 새겨져 있다.

화암사 가람배치도

만성사(문수사)

🌑 위치와 창건

만성사(萬性寺)는 진천군 진천읍 지암리 262번지 미륵산(彌勒山)에 자리한 대한불교조계종 제6교구 본사 마곡사의 말사이다. 만성사라는 절 이름은 '수만(數萬)의 인간이 성인이 되길 축원한다.'는 뜻에서 그렇게 지었다고 한다.

만성사 숲속에 방치되었던 석불여래상을 발견하고 보호각을 세우면서 지금의 절이 창건되었다.

사석 삼거리에서 천안 방면으로 약 1.2㎞ 가면 왼쪽으로 문수암 표지판이 보인다. 그 주변으로는 몇 개의 공장이 들어 서있고, 공장 옆으로 난 시멘트 포장길은 산 정상부의 송신탑까지 이어져 있다. 만성사는 송신탑 바로 아래 산기슭에 위치한다.

절에서 전하기로는 만성사는 지금으로부터 1,300여 년 전인 고려시대에 창건되었고, 조선시대에 폐사되어 오랫동안 폐허로 있다가 1962년에 옛터 위에 법당을 지었다고 한다. 그러나 창건 당시의 절 이름이나 기타 연혁에 대한 문헌은 전혀 없다.

지금으로부터 60여 년 전 숲속에 방치되었던 석불여래입상이 발견됨으로써, 마을 주민들이 비바람이라도 막아야 하겠다는 순수한 마음에서 보호각을 세우고 향화를 올리기 시작했는데, 지금의 만성사의 창건은 여기에서 비롯된 것으로 볼 수 있다. 앞서 말한 고려시대 창건설은 바로 이 석불여래입상을 염두에 두고 나온 말인 듯하다.

그 뒤 1962년에 이 마을에 사는 공열우가 법당을 지음으로써 비로소 절의 면모를 갖추었으며, 1966년에는 성원(聲圓)스님이 요사를 지었다. 1997년 10월에 성원스님이 세수 81세에 열반하고, 지금은 무상스님이 주석하고 있다.

현재는 만성사로 등록되었지만 앞으로 문수사(文殊寺)로 절 이름을 바꿀 계획이라고 하며, 절에서는 이미 3년 전부터 문수암으로 부르고 있다.

☯ 성보문화재

현재 절에는 대웅전 · 산신각 · 요사 2동 등의 건물이 있다.

대웅전은 팔작지붕에 앞면 2칸, 옆면 1칸의 건물로서 1981년에 지었다. 안에는 석가삼존불좌상 및 아미타불상이 있고, 아미타후불탱화 · 지장탱

석조여래입상

광배와 대좌는 없지만 각
부의 조각상태는 잘 남아
있다. 머리는 소발이며 머
리 꼭대기에는 육계가 있
다. 고려초에 조성되었다.

화 · 칠성탱화 · 신중탱화와 동종이 있다.

산신각은 슬라브 맞배지붕에 앞면 2칸, 옆면 1칸의 건물이며 안에는 독
성탱화와 산신탱화가 있다.

✿ 석조여래입상

대웅전 앞 노천에 불단을 갖추고 봉안된 고려시대의 석불이다. 본래 만성
사 서쪽 상단 대지에 있던 것을 송신탑을 건설할 때 지금의 자리로 옮겨 세

웠다고 한다. 따라서 지금의 만성사와 직접적 관계는 없고, 이 석불을 봉안하면서 자연스럽게 만성사가 창건되었다고 할 수 있다.

석불상을 봉안하기 위해 시멘트 단을 만들면서 불상의 무릎 아랫부분을 매몰하여 현재 그 형태를 볼 수 없어 아쉽다. 봉안할 당시 주석했던 스님의 말에 의하면 무릎 아랫부분의 보존 상태가 좋지 않아 보기 흉하다 하여 매몰했다고 한다.

불상은 화강암으로 조성되었는데 광배와 대좌는 없고 각부의 조각 상태는 잘 남아 있는 편이지만, 머리 뒷부분 일부와 왼쪽 귀부분은 약간 손상되어 시멘트로 보수되었다. 불상이 향하고 있는 방향은 동향이다.

머리는 소발(素髮)이며 머리 꼭대기에 높고 둥글게 표현된 육계가 있다. 반쯤 뜬 눈과 곡선을 이룬 눈썹, 알맞은 크기의 오똑한 코와 엷은 미소를 띠고 있는 입 등 상호는 풍만하고 정제된 원만자비형이다.

목에는 삼도가 뚜렷하고 어깨는 균형이 잡히고 당당하다. 불의는 두 어깨에 걸쳐 착용된 통견의로서, 가슴에는 엄액의(掩腋衣)가 보이고 그 아래로 U자형을 이룬 옷주름문이 유려하게 두 팔을 감싸고 하체까지 흘러 내렸다. 두 무릎에도 역시 U자형을 이룬 옷주름이 표현되었고, 몸체의 양 측면과 다리 사이에는 수직으로 흘러 내린 옷자락이 보인다. 이와 같은 옷주름의 조각 수법은 부근에 있는 금암리 미륵선골 석조여래입상과 같은 점이라서 주목된다.

수인은 오른손을 오른쪽 가슴 앞에서 올려 엄지와 중지, 약지를 모으고 나머지 손가락을 펴서 바깥을 향했으며, 왼손은 하복부에서 손가락을 모두 펴고 위를 향한 모습이다. 이 같은 수인은 입상에서는 보기 드문 자세인데, 혹시 좌상에서 흔히 보이는 아미타의 인상을 취한 것이 아닐까 추정된다.

두 팔의 표현이 다소 클 뿐 전체적으로 균형이 잘 잡히고 신체의 비례가 정확하며, 상호와 옷주름의 조각 기법이 뛰어난 작품이다. 조성연대는 고려 초로 추정된다.

크기는 현높이 182cm, 머리 높이 59cm, 머리 너비 40cm, 어깨 너비 75cm, 육계 높이 10cm, 몸 두께 46cm이다.

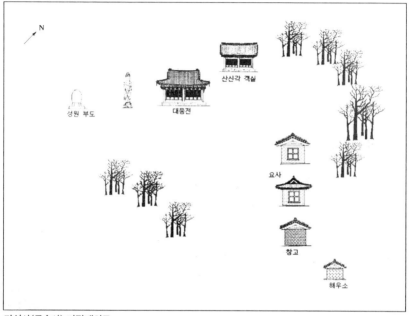

만성사(문수사) 가람배치도

성림사

☯ 위치와 창건

성림사(成林寺)는 진천군 덕산면 산수리 산98번지 성주산(聖住山)에 자리한 한국불교태고종 사찰이다.

진천에서 덕산 방향으로 가다가 방골 큰길에서 오른쪽으로 800m 가는 곳에 부챙이〔夫틈〕마을이 있고, 여기에서 큰아기봉 서쪽으로 가면 절에 닿

성림사 속칭 매산으로 불리는 성주산 아래 옛 고려시대의 절터에 자리하고 있다. 방학을 이용한 어린이불교학교를 운영하고 있다.

는다. 절이 자리한 성주사는
속칭 매산(梅山)으로도 부르
는 나즈막한 산이다.

현재의 성림사 자리는 본래
고려시대의 절터로서, 비록
고문헌에서는 이 절에 대한
기록을 전혀 찾을 수 없지만,
고려시대의 마애여래좌상이
있으며, 주변에서 기와편과
자기파편이 다수 발견되었다.

또한 절 앞에 있는 비교적
평평한 800평 정도의 밭에서
도 많은 기와편과 토기·자기

극락전 석조여래좌상

편이 출토된 점, 그리고 주변의 지형으로 보아 절터로 추정되나 현재 유구
는 발견되지 않았다. 결국 성림사가 자리한 이곳은 예전에는 꽤 큰 절이 자
리하고 있었음을 알 수 있다.

최근에 들어와서는 1970년에 전해산(全海山)스님이 약사전과 요사를 새
로 지으면서 성림사로 등록했다.

성림사에서는 여름과 겨울방학을 이용한 어린이불교학교를 운영하고 있
는데, 학생들의 자발적 참여로 반응이 좋다고 한다.

☯ 성보문화재

현재 절에는 극락전과 요사 2동의 건물만 있어 규모가 단출하다.

극락전은 맞배지붕에 앞면과 옆면 각 2칸의 규모로서 슬라브와 시멘트를 사용해 1970년에 세운 건물이다. 안에는 석조여래좌상을 비롯해서, 지장탱화 · 신중탱화 · 산신탱화 및 동종이 있다.

❀ 석조여래좌상

1998년 1월 9일 극락전 석조여래좌상이 충청북도 문화재자료 제20호로 지정받았다.

이 불상은 지금으로부터 40여 년 전 수풀 속에 놓여 있다가 발견되었는데, 처음에는 윗 부분만을 보호막으로 가렸던 것을 그 자리에 법당을 지으면서 지금처럼 봉안되었다. 그래서 불상이 조성된 자연 암반이 건물 안으로 들어 와 있어 하나의 벽면을 형성한 것이 특색이다.

불상은 하나의 화강암석에 조성되어 마애상으로 볼 수 있다. 석질이 화강암이기는 하나 입자가 굵어 표면이 매우 거칠고, 마손(磨損)이 빨리 진행되어 광배에 조각된 화불(化佛)의 세부 형태 파악이 불가능하다.

현재 불상은 하체가 불단에 가려지고 상반신만 드러나 있으며, 뒷면에는 불신과 한 돌로 된 광배에 3체의 화불이 조성되었다. 상반신만으로도 매우 크고 위풍당당한 형태임을 알 수 있다.

상호는 소발(素髮)의 머리 위에 육계가 크게 표현되었고, 상호는 풍만하다. 다만 얼굴의 각 세부는 근래에 가식(加飾)되어 본래의 모습을 알기 어렵다. 불상의 보존 상태가 양호하지 않아 얼굴과 오른쪽 어깨, 왼쪽 손과 팔뚝을 시멘트로 보수한 뒤 채색했기 때문이다.

두 귀는 크고 길게 어깨까지 늘어지게 표현되었으며, 목에는 삼도가 있다. 불의는 통견으로서 두 손목까지 덮고 있고, 옷주름 끝은 왼쪽 어깨 뒷부분까지 새겨졌다.

왼쪽 손은 보수한 것이라 정확한 수인은 알 수 없으나, 두 손을 작게 오무린 다음 안쪽으로 펴서 가슴에 대고 있다. 허리 아랫 부분은 불단으로 그 형태를 파악할 수 없다.

광배 정상부는 왼쪽 부분이 훼손되었다. 화불은 머리 정상에 하나와 그 좌우에 하나씩 전부 3체의 화불이 조각되었을 뿐 다른 조각은 없다. 좌우의 화불은 같은 양식으로 표현되었는데, 구름 무늬의 대좌 위에 불신을 표현하였지만 외형적 윤곽만 보일 뿐 정확한 형태 파악이 어렵다. 그런데 구름 무늬 대좌 중앙 하단에서 두 갈래로 갈라져 연꽃의 줄기, 혹은 비천상의 상승처럼 위로 솟구친 무늬는 이 화불의 특이한 조각으로 보여진다. 중앙의 화불은 목 부분이 결실되었으나 다른 부분은 온전하다.

불상이 향하는 방향이 서쪽이고 수인의 형태를 감안할 때 아미타여래로 추정되며, 조각 기법으로 볼 때 제작연대는 고려시대 초로 볼 수 있다.

크기는 전체 높이 220㎝, 불상 높이 188㎝, 머리 높이 72㎝, 어깨 너비 127㎝, 오른쪽 화불 높이 27㎝, 왼쪽 화불 높이 18㎝, 중앙 화불 높이 30㎝이다.

성림사 가람배치도

신흥사(대흥사)

☯ 위치와 창건

신흥사(新興寺)는 진천군 진천읍 원덕리 산32번지 봉화산(烽火山)에 자리한 한국불교태고종 사찰이다.

신흥사는 진천읍에서 청주로 가는 국도에서 약 2㎞, 소이산 봉수대 중턱에 위치하여 '봉화뚝절'이라고 속칭하기도 한다. 절은 전망 좋은 곳에 위

신흥사(대흥사)　봉화산 중턱의 전망 좋은 곳에 자리하고 있어 산아래를 굽어보면 진천읍과 주변의 경관이 한눈에 들어온다.

치해 산아래를 굽어보면 진천읍과 주변의 경관이 한 눈에 들어 온다. 현재의 등록 사찰명은 신흥사인데, 절에서는 앞으로 대흥사(大興寺)로 변경할 예정이라고 한다.

절이 자리한 이곳은 본래 고려시대에 창건된 절터라고 하지만 증명할 만한 유물이나 유적은 없다.

현재의 신흥사는 조선시대 후기에 참의 벼슬을 하던 조중우(趙重愚)가 창건했고, 이어서 1907년(광무 1)에 조창호(趙昌鎬)가 중건했다. 근대에 들어 와서는 1954년에 김학수가 중건했다.

최근에는 차대술스님이 1988년에 극락전을, 1993년에 대웅전과 산신각을 새로 지었다. 1996년부터 상명스님이 주석하고 있는데, 현재는 지금의 시멘트 건물들을 새로 목조 건물로 바꿔 짓는 불사가 진행 중에 있다.

◉ 성보문화재

현재 절에는 대웅전을 비롯해서 극락전 · 산신각 · 요사 2동이 있다.

대웅전은 콘크리트 건물로서, 팔작지붕에 앞면 3칸, 옆면 2칸의 규모이다.

안에는 석고로 조성하고 개금한 석가삼존불상과 작은 불상으로 천불상이 있다. 불화로는 전부 근래에 조성한 삼세후불탱화 · 칠성탱화 · 신중탱화 · 산신탱화와, 법고 · 동종이 있다.

극락전은 팔작지붕에 앞면과 옆면 각

맷돌

3칸인 2층 건물인데, 아래층은 요사로 사용된다. 안에는 아미타삼존불상과 관음상, 나한상 2체가 있다. 불화는 1989년에 조성한 영산후불탱화·지장탱화·감로탱화가 있다.

한편 신흥사 대웅전에서 300m 거리 아랫 편에는 높이 약 15m 규모의 네모난 석탑 하나가 조성되어 있다. 특이하게도 탑 꼭대기에 독수리 형상이 부조되었고, 탑 전면에 '국태민안(國泰民安)' 등의 글씨를 표시해 놓았다.

이 탑은 절 주변의 풍수와 연관이 있다. 진천향교 뒷산이 매봉산이고 진천 읍내는 이른바 금계포란형(金鷄包卵形)의 명당인데, 매봉산이 내려 덮치면 금계포란이 위협을 받게 된다. 그러므로 옛날 읍내에 싸전을 만듬으로써 매로부터 금계포란형의 터가 보호되도록 했다. 또한 독수리상을 탑 위에 조성한 것은 지기(地氣)를 보호하려는 뜻이라고 한다.

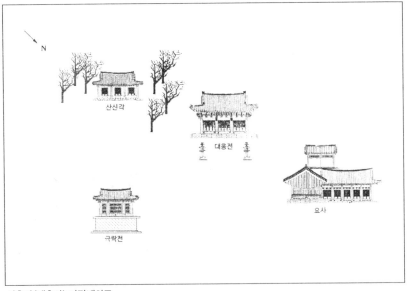

신흥사(대흥사) 가람배치도

영수사

◑ **위치와 연혁**

영수사(靈水寺)는 진천군 초평면 영수리 산542번지 두타산(頭陀山) 서쪽 기슭에 자리한 대한불교조계종 제5교구 본사 법주사의 말사이다. 두타산은 이 지방의 명산으로서 진천과 괴산을 나누는 경계선이 되기도 한다.

초평 면소재지에서 초평저수지로 약 3㎞쯤 가다 보면 저수지를 만나는

영수사　고려 증통국사가 창건하고 조선시대 벽암대사가 중건하였다고 한다. 1987년 새로운 대웅전이 세워졌다.

지점이 있고, 그곳에서 오른쪽으로 돌아 들어가면 절에 닿는다.

1953년 절에서 세운 「창건역대」라는 연혁판(沿革板)에 의하면, 고려시대인 918년(태조 1)에 증통국사(證通國師)가 창건하고, 조선시대에 들어와 1624년(인조 2)에 벽암대사가 중건했다고 기록되어 있다. 이어서 1624년(인조 2)에 벽암 각성(碧巖覺性)스님이 중창했으며, 1831년(순조 31) 지방민의 후원을 얻어 주지 묘익(妙益)스님이 중수하고, 다시 1867년(고종 5)에 이한(李韓)스님이 중수했다고 전한다.

그런데 이와 같은 내용을 기록한 시기가 지금으로부터 얼마되지 않은 데다가 근거가 명시되어 있지 않으므로, 그대로 믿기에 다소 주저되는 면은 있다. 더군다나 창건주 증통국사가 누구인지도 알려져 있지 않다. 다만 구전이나마 나름대로 절에서 전하는 내용에 따랐을 것이므로, 근거없다고 무작정 도외시할 것은 아니다. 앞으로 절의 역사를 밝혀 줄 다른 기록이나 문헌이 나올 수도 있으므로, 일단은 위의 연혁판의 내용을 긍정적으로 참고하는 것도 절의 연혁을 이해하는 한 방법이라고 할 수 있다.

한편 위의 연혁판 외에 다른 문헌은 조선 후기인 1871년(고종 8)에 간행된 『호서읍지(湖西邑誌)』의, '영수사는 현 동쪽 15리에 있다(靈水寺 在縣東十五里).'라는 기록이 처음이다. 이어서 1937년에 간행된 『조선환여승람』에는, '영수사는 두타산에 있다. 절 뒤에 영천이 있어 그 같은 이름을 얻었다. 삼한시대의 고찰이다(靈水寺 在頭陀山 寺後有靈泉 因以得名 三韓古刹).'라고 기록되어 있다. 『상산지』에도 그와 비슷한 내용이 보인다.

이를 통해서 보면 영수사는 오래된 고찰로서, 절 뒤에 있는 유명한 샘물인 영천(靈泉)에서 절 이름이 유래되었음을 알 수 있다.

근래의 연혁을 보면 지금의 주지 혜철(惠哲)스님이 1983년에 법당인 관음보전을 지금의 삼성각 자리로 옮기고 전각 이름을 삼성각으로 바꾸었으며, 같은 해에 관음보전을 현대식 시멘트 건물로 지었다. 이 관음보전은 현재는 요사로 사용된다. 이듬해 대웅전을 짓기 시작해서 1987년에 완성했으

대웅전 석가삼존불상과 영산후불탱화 등이 봉안되어 있고 문화재로 지정된 괘불함이 있다.

며, 예전의 요사는 1986년에 철거하고 1987년에 새로운 요사를 지었다. 그리고 1992년에 일주문을 세우고 이듬해 대웅전 · 삼성각의 기와를 동기와로 바꾸었다.

◉ 성보문화재

현재 절에는 대웅전을 비롯해서 삼성각 · 관음보전 · 일주문 · 요사 등의 건물이 있다.

❀ 대웅전

팔작지붕에 앞면과 옆면 각 3칸의 건물로서, 1987년에 완공되었다.

안에는 석가삼존불상과 영산후불탱화 · 지장탱화 · 신중탱화, 동종, 괘불함 등이 있다.

관음보전 제석천룡도

❀ 삼성각

맞배지붕에 앞면 3칸, 옆면 2칸의 건물이다. 본래는 관음보전으로서 절의 금당이었으나 1983년에 지금의 자리로 옮기면서 삼성각이 되었다. 조선시대 후기에 지어진 영수사에서 가장 오래된 건물로서 그 동안 여러 차례 중수한 흔적이 남아 있다.

안에는 칠성탱화·독성탱화·산신탱화가 있다. 이 가운데 칠성탱화는 가로 118㎝, 세로 115㎝의 크기로, 1904년(광무 8)에 금호 약효(金湖若效) 스님이 그린 것이다. 본래는 충청남도 온양의 용운암(龍雲庵)에 봉안되었던 것이다.

❀ 관음보전

현대식 시멘트 건물로서 앞면 7칸, 옆면 2칸 규모인데, 중앙 부분을 법당으로 사용한다.

안에는 목조관음보살좌상을 비롯, 아미타후불탱화·신중탱화 및 위패 2점 등이 있다.

신중탱화는 제석천룡도로서 크기는 가로 96㎝, 세로 119. 5㎝이며, 1870

년(고종 7) 상월 천여(尙月天如)스님이 그렸다. 상월 천여스님은 이 밖에도 1872년에 경기도 파주 보광사(普光寺) 쌍세전의 시왕도를 그리기도 했다.

❀ 목조관음보살좌상

관음보전 안에 봉안되어 있으며, 조선 후기에 조성된 것으로 추정된다. 결가부좌한 단아한 보살좌상으로서 각부의 양식이 화려하게 조각이 되어 조선 중기 불상의 모습을 잘 보여 주고 있다.

양식을 살펴 보면, 머리에 큼직한 보관을 썼으며 상호는 길지 않고 짧아서 방형에 가깝다. 얼굴 가운데 날카롭게 솟은 콧등이 인상적이며, 이마에는 백호가 있다. 목에 삼도가 뚜렷하고 수인은 아미타인을 결하고 있다. 불의는 통견이며 군의(裙衣)가 새겨졌다.

이와 같은 양식의 불상은 1624년에 조성된 충청북도 옥천 가산사(佳山寺) 목조여래좌상에서 유례를 찾을 수 있다.

크기는 전체 높이 90cm, 머리 높이 15cm, 어깨 너비 39cm, 가슴 너비 65cm, 무릎 너비 55cm이다.

이 불상은 1935년에 개금된 바 있는데, 그 때의 기록이 불상 하면에 묵기(默記)로 적혀 있다.

관음보전 목조관음보살상

⊛ 영수사 괘불

영수사는 이곳에 소장된 괘불로 인해서 더욱 유명하다. 괘불은 충청북도 유형문화재 제44호로 지정되어 있으며 1653년(효종 4)에 제작되었다. 대웅전 안의 보관함 속에 있는 이 괘불에 대한 기록이 『상산지(常山誌)』에 다음과 같이 보인다.

'괘불은 삼한시대 이래 전해 내려오는 보물로서 … 전에 (진천읍 상계리에 있던) 백련암에 소장되었으나 백련암이 폐사되므로 영수사로 옮겨졌다.'

마본(麻本)에 그려진 이 괘불은 크기가 가로 579cm, 세로 835cm에 이르는 대형으로서, 진천 지방에서는 유일한 조선 시대의 괘불탱화이다.

괘불탱화의 주제는 석가불이 영축산(靈鷲山)에서 『법화경』을 설법하는 장면을 묘사한 영산회상도인데 십팔대보살, 아난과 가섭존자 및 사리불, 십육나한상, 제석과 범천, 사천왕상을 비롯한 신중 무리, 대중들이 배치된 복잡한 군도(群圖) 형식을 보여 주고 있다.

석가불 형상은 거신광배를 갖추고 있는 수미단 위에 결가부좌한 자세로 항마촉지인의 수인을 취한 전형적 모습이다. 갸름한 달걀형의 얼굴이 이목구비를 작게 묘사하여 단아하다. 머리는 나발의 머리카락에 육계를 얹었으며 보주형의 정상 계주는 겹무늬로 채색되었다. 건장한 신체에 비해 두 무릎의 폭이 좁으나 균형은 비교적 어색하지 않다.

불의는 붉은 색으로서 건장한 두 어깨를 덮은 통견이며, 안에는 승가리와 승가리를 묶은 띠 매듭이 있으나 하의는 결가부좌한 자세에 가려져 보이지 않는다. 무늬는 붉은 색 불의에다 원형으로 처리하고 끝단을 작은 꽃무늬로써 연속적으로 치장하였다. 승가리는 갈색 바탕에 짙은 갈색의 띠매듭으로 묶었고, 끝단도 작은 화문을 반복되게 처리하였다. 거기에 법의 안자락이 황토색과 청색으로 처리되어 옷주름을 이루고 있다.

오른손은 첫째와 셋째 손가락을 맞대어 무릎 위에 올려 놓고 왼손은 무릎에 내린 채 항마촉지인을 취하고 있다.

거신광배는 이중으로 처리하였는데 두광은 홍색의 테두리 안에 녹색으로 채색하고 신광부분은 청색의 테두리 안에 오색의 빛무늬로 처리하여, 본존불의 불격을 더욱 높이고 또한 차분한 분위기를 돋보이게 해주고 있다.

이 석가불은 단아한 얼굴에 건장하지만 비만하지 않은 탄력 있는 모습으로 세련된 솜씨를 보여주고 있다. 또한 지나친 문양의 사용을 억제한 채 밝고 투명하게 채색한 홍색과 청색을 주조색으로 하고, 여기에 갈색과 황토색의 중간 색조가 잘 어우러져서 이상적인 불국토의 세계를 연상케 해준다.

중단 좌우 끝에는 부처님을 수호하는 사천왕과 사천왕을 다스리는 제석 범천과 그의 권속들이 자리잡고 있다. 탑을 든 광목천왕과 여의주와 용을 쥐고 있는 증장천왕, 비파를 든 다문천왕과 검을 든 지국천왕의 배치는, 1776년 제작되었고 현재 보물 제924호로 지정된 전라남도 구례군 천은사 아미타후불탱화와, 1687년 제작된 충청남도 공주시 마곡사 괘불 등과 같다. 곧 오른편에 서 · 남천왕, 왼편에 북 · 동천왕이 각각 배치된 도상이다. 그 위로 제석천왕과 범천대왕이 있는데, 제석은 화관을 쓰고 두 손을 모아 합장하고 천의를 입은 전형적 보살의 형태이나, 범천은 원류관을 쓰고 홀을 들고 조복을 입은 제왕의 모습으로, 1637년에 조성된 충청남도 청양의 장곡사 괘불의 '상방대범천'이란 존명과 함께 특이한 모습을 보여 주고 있다.

이 괘불화는 십팔대보살을 비롯하여 제석과 범천 등 여러 권속들로 배치된 좌우 대칭의 복잡한 구도나, 하단의 여러 성중들의 배치는 틀에 박힌 좌우대칭 구도를 벗어나게 한다. 선은 굵은 선과 가는 선을 사용하지 않은 일정한 선으로 그었다. 채색은 홍색을 주조색으로 하여 녹색, 청색, 황토색, 수황 등의 중간 색조를 옅게 써서 복잡하고 화려한 문양 대신에 밝고 투명한 색조로 화면을 차분하게 보이도록 하였다. 특히 본존불의 거신광배에 두광은 홍색으로, 신광은 청색으로 처리한 보색의 대비가 잘 조화를 이루어서 본존불이 돋보이는 뛰어난 색조의 사용 수법을 볼 수 있다.

화기는 중앙의 화기란을 만들어서 주상전하와 왕비전하, 세자저하의 만수무강을 기원하고 그 아래에 괘불 조성에 사용된 바탕 시주, 후배 시주, 포시주와 황금·주홍·이청·대청 등의 안료 시주와, 청밀·식염·말장 등의 공양 시주자가 기록되어 있다. 그리고 원경, 낙영, 복장, 등촉 등을 시주한 인물이 나열되어 있다. 괘불을 그린 화원은 명왕(明王)·소즙(小揖)·현욱(玄旭)·법능(法能) 등 4인의 금어가 조성한 것으로 되어 있다.

이 영수사 괘불은 조선시대 불화 연구의 귀중한 자료로서, 충청북도에서는 보살사 괘불과 안심사 괘불에 이어 세 번째로 오래된 괘불탱화이며, 현재의 보존 상태가 양호해 원형이 잘 남아 있다.

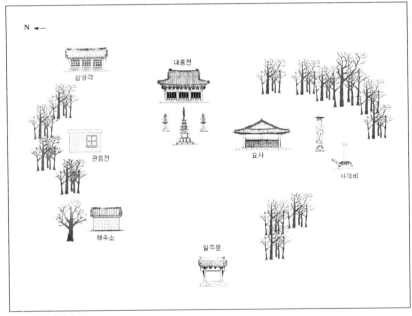

영수사 가람배치도

용화사

위치와 창건

　용화사(龍華寺)는 진천군 진천읍 신정리 584번지 걸미산(傑尾山)에 자리한 대한불교조계종 제5교구 본사 법주사의 말사이다.

　진천읍에서 천변을 따라 약 1㎞ 가면 작은 야산인 걸미산이 있고, 그 산기슭에 용화사가 동향해서 위치한다.

용화사　진천읍 천변의 야트막한 산기슭에 자리하고 있다. 1976년 옛 절터 위에 법당을 세우고 향화를 올리기 시작하였다.

석조미륵불입상

진천지역에 외적이 침입했을
때 이 미륵불상을 보고 8척이
나 되는 장군이 서 있는 것으
로 착각을 하고 되돌아갔다는
전설이 있다. 충청북도 유형
문화재 제138호.

지금 용화사에는 예로부터 유명한 미륵불상이 봉안되어 있는데,『상산지
(常山誌)』「고적(古蹟)」조를 보면 '진천읍 맞은 편의 걸미산에 미륵석불이
있다(邑之對案 椵尾山外 有彌勒).' 라는 기록이 있다.

그래서 용화사는 이 미륵석불로 인해 지금까지 법보를 잇는다고 볼 수 있
다. 이곳에 내려 오는 옛말에, '어느 날 거란병들이 가까운 덕산(德山)까지
쳐들어 왔다가 멀리서 미륵불상을 보고는 큰 장군인 줄 알고 도망을 쳤다.'
는 전설이 있다(「용화사 석조미륵불입상」 참고). 또는 김유신(金庾信)의
덕을 기리기 위해 석불을 세웠다는 말도 있다.

그러나 미륵석불을 봉안했을 당시부터 절 이름이 지금처럼 용화사인가는

전혀 알 수 없다. 그렇다면 이 미륵석불과 석불을 봉안했던 사찰의 이름과 창건연대가 궁금한데, 그러나 아쉽게도 상세한 것은 알 수 없다. 전하는 말에 의하면 신라 성덕왕(742~764년) 때 창건되었다고 전하지만 근거는 없고, 언제 어떻게 폐사되었는지 알 수 없다. 1530년에 편찬된 『신증동국여지승람』에도 용화사에 대한 내력이 없으며, 이 사찰에 남아 있는 근년에 조성한 「용화사 창건공적기념비」에도 이 절터의 연혁을 알지 못한다고 기록하고 있다.

지금의 용화사라는 이름은 1946년에 한자심(韓慈心)스님이 옛 절터 위에 법당과 요사를 짓고 향화를 올리면서부터 사용되었다. 절 이름을 용화사라고 한 것은 미륵이 머문다하여 붙여진 것이다.

1976년부터 지선(智善)스님이 주석했는데, 당시 법당과 그 옆에 초가로 된 요사가 있었다고 한다. 스님은 1983년에 요사를 새로 짓고, 1995년에 법당을 중수했으며 단청과 함께 불상과 탱화를 새로 봉안했다.

◑ 성보문화재

현재 절에는 대웅전과 요사만의 단출한 규모다.

대웅전은 팔작지붕에 앞면 3칸, 옆면 2칸의 건물로서 1959년에 지었다. 안에는 대웅전 건축 당시에 봉안한 석가불좌상을 비롯해서 전부 1995년에 조성한 금니영산후불탱화·칠성탱화·신중탱화·산신탱화 등의 불화 및 동종이 있다.

✳ 용화사석조미륵불입상

용화사 경내에 있는 석조불상으로 걸미산을 뒤로 하고 동향으로 서 있다. 진천 지역에 외적이 침입했을 때 적병이 '덕문이들' 쪽에서 들어오다가 이

진천문화원 정원내 석조불입상

미륵불상을 보고 신장이 8척이나 되는 장군이 버티고 서 있는 것으로 착각하여 되돌아갔다는 전설이 있다. 높이가 705cm나 되는 돌로 만든 거대한 보살입상으로서, 진천 지역에서 가장 규모가 큰 불상으로 유명하다. 충청북도 유형문화재 제138호로 지정되었다.

상호는 타원형 얼굴에 눈이 작아서 감은 듯 웃는 표정이며, 코는 길면서 큼직하고 볼에는 보조개가 나타나 전체적으로 은근하게 웃는 모습이다. 신체는 양감이 거의 없는 길다란 원통형을 이루고 있다. 오른손은 가슴에 들었는데 신체에 비하여 손이 작고 빈약하며, 팔도 가늘고 균형이 맞지 않는다. 왼손은 배에 대어 연꽃을 들었는데, 역시 자세가 어색한 편이며 조각이 정교하지 못하다.

불의는 가슴을 거의 드러낸 채 통견으로 입고 있으며, 하체에는 U자 모양의 옷주름을 겹쳐 나타냈는데, 사이사이에 중간이 끊어진 옷주름이 표현되어 있다. 목의 삼도 아래쪽에 표현된 목걸이의 영락(瓔珞) 장식은 웃는 듯한 상호와 함께 이 보살을 더욱 돋보이게 한다. 머리꼭지에 벙거지 형태가 올려져 있는데, 아마도 훗날 보수한 것이 아닌가 한다.

이처럼 장신의 거구, 양감 없는 사각형의 형태, 빈약한 세부 표현 등에서 충청 지역 고려시대 보살상의 특징이 잘 나타나고 있다. 고려시대에 유행한 거상(巨像) 계통의 불상으로서, 진천 지방의 호족 세력에 의하여 조성되었을 것으로 추정된다.

❀ 기타 관련 유물

1980년 9월 18일 용화사 앞 냇가에서 발견되어 현재 진천문화원 정원에 옮겨져 있다. 주민의 제보에 의하여 발견된 이 불상은 화강암으로 조성되었는데, 머리 부분과 몸체 부분이 서로 끊어진 상태로 수습되어, 현재 시멘트로 목 부분을 접합시켜 복원했으나 각부에 마멸이 심하여 조각이 뚜렷하지 않다.

머리에는 장식이 없는 원통형의 높은 관을 썼으며 이마와 눈, 코는 마멸로 확인하기가 어렵다. 귀는 길게 표현되었으나 매우 낮아 사실감이 부족하고, 두 볼은 약간 살이 찐 편이며 입가에 엷은 미소의 흔적이 보인다. 상호는 전체적으로 원만한 모습으로서, 용화사 미륵석불과 비슷하다.

몸체는 당당한 체구로 표현되었으나 조각은 정교하지 못하며, 불의는 통견(通肩)이다. 두 팔과 무릎 아래에서 원호(圓弧)를 이루다가 발목 부분에서 수직 평행으로 내려진 옷주름이 보이는데, 옷자락이 두껍고 매우 도식적으로 표현되었다. 수인은 두 손을 배에 모으고 있으나 마멸로 뚜렷하지 않다.

이 불상이 발견된 위치가 용화사 부근이므로 용화사와 관련있을 것으로 생각되며, 조성시기는 용화사 미륵입불상과 같은 고려시대로 추정된다.

크기는 전체 높이 230㎝, 머리 높이 55㎝, 머리 너비 30㎝, 어깨 높이 163㎝, 어깨 너비 62㎝, 하단부 너비 80㎝이다.

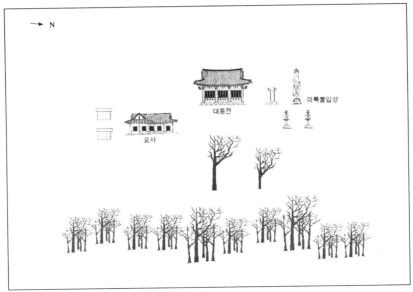

용화사 가람배치도

부 록

불교 지정 문화재

1. 국보

유　물　명	소　　재　　지	지정번호
충주 탑평리 칠층석탑	충주시 가금면 탑평리	국보 6
청룡사 보각국사 정혜원융탑	충주시 청룡사	국보 197

2. 보물

유　물　명	소　　재　　지	지정번호
억정사 대지국사비	충주시 엄정면 괴동리	보물 16
정토사 법경대사 자등탑비	충주시 동량면 하천리	보물 17
사자빈신사지 석탑	제천시 한수면 송계리	보물 94
중원 미륵리 오층석탑	충주시 상모면 미륵리	보물 95
중원 미륵리 석불입상	충주시 상모면 미륵리	보물 96
괴산 원풍리 마애불좌상	괴산군 연풍면 원풍리	보물 97
충주 철불좌상	충주시 대원사	보물 98
진천 연곡리 석비	진천군 진천읍 연곡리	보물 404
단양 향산리 삼층석탑	단양군 가곡면 향산리	보물 405
덕주사 마애불	제천시 한수면 송계리	보물 406
각연사 석조비로자나불좌상	괴산군 각연사	보물 433
제천 장락리 칠층모전석탑	제천시 장락사	보물 459
단호사 철불좌상	충주시 단호사	보물 512

청풍 석조여래입상	제천시 청풍면 물태리	보물 546
청룡사 보각국사 정혜원융탑비 앞 사자석등	충주시 청룡사	보물 656
청룡사 보각국사 정혜원융탑비	충주시 청룡사	보물 658

3. 사적

유　물　명	소　재　지	지정번호
충주 미륵리 사지	충주시 상모면 미륵리	사적 317

4. 유형문화재

유　물　명	소　재　지	지정번호
각연사 통일대사탑비	괴산군 각연사	유형 2
신륵사 삼층석탑	제천시 신륵사	유형 4
창동 오층석탑	충주시 가금면 창동리	유형 8
창동 오층모전석탑	음성군 음성읍 읍내리	유형 9
원평리 미륵석불	충주시 신이면 원평리	유형 18
미륵리 석불	충주시 상모면 미륵리	유형 19
백운암 철불좌상	충주시 백운암	유형 21
봉학사지 오층석탑	괴산군 보광사	유형 29
봉학사지 석조여래좌상	괴산군 보광사	유형 30
미륵리 삼층석탑	충주시 상모면 미륵리	유형 33
영수사 괘불	진천군 영수사	유형 44

단호사 삼층석탑	충주시 단호사	유형 69
광덕사 석불	괴산군 광덕사	유형 75
창동 마애불	충주시 가금면 창동리	유형 76
태화사년명 마애불입상	진천군 초평면 용정리	유형 91
사곡리 마애여래입상	진천군 이월면 사곡리	유형 124
각연사 비로전	괴산군 각연사	유형 125
각연사 대웅전	괴산군 각연사	유형 126
각연사 부도	괴산군 각연사	유형 127
삼방리 마애여래불상	괴산군 불정면 삼방리	유형 128
음성 읍내리 삼층석탑	음성군 음성읍 읍내리	유형 129
미타사 마애여래입상	음성군 미타사	유형 130
신륵사 극락전	제천시 신륵사	유형 132
용화사 석불입상	진천군 용화사	유형 138
외사리 당간지주	괴산군 칠성면 외사리	유형 139
도명산 마애불	괴산군 청천면 화양리	유형 140
남하리 삼층석탑	괴산군 증평읍 남하리	유형 141
조압사지 석불좌상	충주시 앙성면 모점리	유형 144
개심사 목조여래좌상과 목조관음보살좌상	괴산군 개심사	유형 173
삼방리 삼층석탑	괴산군 불정면 삼방리	유형 182
채운암 아미타불좌상	괴산군 채운암	유형 191

절 터

사 지	소 재 지	유적유물
죽정사지(竹亭寺寺)	충북 충주시 직동	삼층석탑
미륵리사지(彌勒里寺址)	충북 충주시 상모면 미륵리	본문참조
숭선사지(崇善寺址)	충북 충주시 신이면 문숭리	본문참조
원평리사지(院坪里寺址)	충북 충주시 신이면 원평리	본문참조
탑평리사지(塔坪里寺址)	충북 충주시 가금면 탑평리	본문참조
김생사지(金生寺址)	충북 충주시 금가면 유송리	석축. 와편
봉황리사지(鳳凰里寺址)	충북 충주시 가금면 봉황리	마애반가상. 마애불보살상
창동사지(倉洞寺址)	충북 충주시 가금면 창동	오층석탑
정토사지(淨土寺址)	충북 충주시 동량면 하천리	법경대사비 (보물 제17호 - 경복궁) 홍법국사탑 및 탑비(경복궁)
억정사지(億政寺址)	충북 충주시 엄정면 괴동리	대지국사비 (보물 제16호)
평등사지(平等寺址)	충북 제천시 청풍면 읍리	석조여래입상 (보물 제546호) - 충주댐건설로 물태리 청풍문화 재단지로 이전
사자빈신사지(獅子頻迅寺址)	충북 제천시 한수면 송계리	본문참조
월광사지(月光寺址)	충북 제천시 한수면 송계리	원랑선사비(보물 제360호- 경복궁)

소악사지(小岳寺址)	충북 제천시 송학면 자곡리	강천사 본문참조
미암리사지(彌岩里寺址)	충북 괴산군 증평읍 미암리	석조관음보살입상
남하리사지(南下里寺址)	충북 괴산군 증평읍 남하리	석조미륵불입상. 석조여래입상
송덕리사지(松德里寺址)	충북 괴산군 장연면 송덕리	오층석탑 2기
원풍리사지(院豊里寺址)	충북 괴산군 연풍면 원풍리	마애불좌상 (보물 제97호)
외사리사지(外沙里寺址)	충북 괴산군 칠성면 외사리	부도. 당간지주. 석비. 귀갑문석편. 초석
봉학사지(鳳鶴寺址)	충북 괴산군 사리면 사담리	본문참조
도명산사지(道明山寺址)	충북 괴산군 청천면 화양리	마애삼존불상
보국사지(輔國寺址)	충북 단양군 대강면 용부원리	석조여래입상
고평리사지(高坪里寺址)	충북 단양군 단양읍 고평리	석불좌상
향산리사지(香山里寺址)	충북 단양군 가곡면 향산리	삼층석탑 (보물 제405호)
평곡리사지(平谷里寺址)	충북 음성군 음성읍 평곡리	관음보살입상. 비로자나불좌상. 삼층석탑(읍내리 경호정으로 이전)
교동리사지(校洞里寺址)	충북 음성군 음성읍 교동	오층석탑
교성리사지(校成里寺址)	충북 진천군 진천읍 교성리	연화대좌(진천민속 박물관 앞)
백련암지(白蓮庵址))	충북 진천군 진천읍 상계리	석축. 연화문기와
연곡리사지(蓮谷里寺址)	충북 진천군 진천읍 연곡리	석비(보물 제404호). 삼층석탑.석조비로 자나불좌상

대운사지(大雲寺址)	충북 진천군 문백면 평산리	석축
사곡리사지(沙谷里寺址)	충북 진천군 이월면 사곡리	석굴. 마애여래입상
광혜원리사지(廣惠院里寺址)	충북 진천군 만승면 광혜원리	석조좌상

불교 금석문

〔약호〕

· 유문 → 「한국금석유문(韓國金石遺文)」
· 전문 → 「한국금석전문(韓國金石全文)」
· 총람 → 「조선금석총람(朝鮮金石總覽)」
· 대충 → 「금석문대계(金石文大系)」, 충청남북도편
· 석원 → 「해동금석원(海東金石苑)」

유 물 명	소 재 지	수 록 문 헌
고려괴산외사리부도비편 (高麗槐山外沙里浮屠碑片)		유문 466쪽, 전문 1,307쪽
통일대사비	괴산군 각연사	전문 401쪽, 대충 45 318쪽, 총람 215쪽
공림사사적비(空林寺事蹟碑)	괴산군 공림사	대충 166쪽
봉학사지오층석탑묵서명		유문 232쪽
사자빈신사석탑기	제천시 한수면	대충 51쪽, 전문 454쪽, 총람 252쪽
대지국사지감원명탑비	충주시 엄정면	대충 72 · 331쪽, 총람 715쪽
굉법대사비	충주시	석원 상 251쪽
정토사법경대사자등탑비명 (淨土寺法鏡大師慈燈塔碑銘)	충주시 동량면	석원 상 251쪽, 전문 318쪽, 대충 39 · 314쪽
청룡사위전비	충주시 청룡사	대충 171쪽
보각국사정혜원융탑비 (普覺國師定慧圓融塔碑)	충주시 청룡사	총람 719쪽, 대충 75 · 333쪽

전통사찰총서 ❿ 충청북도 Ⅰ 수록 사암 주소록

사 암 명	주 소	전 화 번 호
가섭사	음성군 음성읍 용산리 산1- 2	872- 3104
각연사	괴산군 칠성면 태성리 38	832- 6148
강천사	제천시 송학면 사곡리 산79- 6	642- 2241
개심사	괴산군 괴산읍 동부리 428	832- 2633
고산사	제천시 덕산면 신현리 1653	646- 0198
공림사	괴산군 청천면 사담리 산11	833- 1029
광덕사	괴산군 도안면 광덕리 산21- 2	836- 8379
단호사	충주시 단월동 455	851- 7879
대경사	음성군 소이면 비산4구 573	872- 5332
대원사	충주시 지현동 587- 2	847- 4059
덕주사	제천시 한수면 송계4구 3	642- 1773
만성사(문수암)	진천군 진천읍 지암리 262	532- 9350
무암사	제천시 금성면 성내리 1	643- 0897
미륵사	괴산군 증평읍 송산리 산1- 5	838- 3562
미타사	음성군 소이면 비산리 874-2	872- 2928
백련사	제천시 봉양읍 명암리 325	646- 4996
백운사	괴산군 사리면 소매리 산20	836- 7596
백운암	충주시 엄정면 괴동리 223-2	852- 3414

사 암 명	주 소	전 화 번 호
보광사	괴산군 사리면 사담리 산2	833-4538
보타사	괴산군 증평읍 연탄리 산63-34	836-3542
복천사	제천시 교동 산9-1	647-4165
봉학사	충주시 가금면 장천리 산73	843-5723
석천암	괴산군 청천면 삼송리 산25-1	833-8275
성림사	진천군 덕산면 산수리 산98	532-4617
수도암	음성군 소이면 충도4구 78	873-4399
신륵사	제천시 덕산면 월악리 803-5	642-3803
신흥사(대흥사)	진천군 진천읍 원덕리 산32	532-2696
신흥사	충주시 엄정면 신만리 산3	852-4261
영수사	진천군 초평면 영구리 산542	532-6288
용화사	진천군 진천읍 신정리 584	533-3204
원각사	제천시 남천동 967	648-8840
원통암	단양군 대강면 황정리 산28	화재로 소실
월명사	제천시 송학면 사곡리 719-2	643-4733
장락사	제천시 장락동 64	643-7502
정방사	제천시 수산면 능강리 산52	643-7399
정심사	충주시 단월동 산51	848-2072
창룡사	충주시 직동 336	847-2702
채운암	괴산군 청천면 화양리 412	832-4330
청룡사	충주시 소태면 오양리 561-1	854-0633

화암사	음성군 원남면 덕정리 산36	872-7689

D.D.D.

제천시 0343   충주시 0441   괴산군 0445   단양군 0444

음성군 0446   진천군 0434

집 필

金相永 중앙승가대학교 교수
金禮植 충북 문화재전문위원·약성문화원장
金學泳 내제문화연구회장
金然鎬 내제문화연구회
劉鳳喜 충주시립박물관 학예연구사
韓相吉 동국대학교 연구교수
申大鉉 사찰문화연구원 연구위원
安尙賓 사찰문화연구원 연구위원

전통사찰총서 ❿
충북의 전통사찰 I

펴낸이/사찰문화연구원
펴낸곳/사찰문화연구원

1998년 12월 5일 초판 1쇄 찍음
1998년 12월 5일 초판 1쇄 펴냄
2008년 9월 25일 초판 2쇄 펴냄

주소/서울특별시 마포구 신수동
      62-98번지 3층
전화/(02)706-4709
E-mail/sachal@chol.com
등록/제16-616호(1992년 11월 26일)

ⓒ사찰문화연구원, 2008
ISBN 978-89-86879-08-7 04220

가격/15,000원

※ 잘못된 책은 바꾸어 드립니다.